100 CONVERSATIONS IN SIMPLE ITALIAN

Short Natural Dialogues to Boost Your Confidence & Improve Your Spoken Italian

Written by Olly Richards

Edited by Connie Au-Yeung

Copyright © 2020 Olly Richards Publishing Ltd.

All rights reserved. No part of this publication may be reproduced, distributed or transmitted in any form or by any means, including photocopying, recording, or other electronic or mechanical methods, without the prior written permission of the publisher, except in the case of brief quotations embodied in critical reviews and certain other non-commercial uses permitted by copyright law. For permission requests, write to the publisher:

Olly Richards Publishing Ltd.

olly@iwillteachyoualanguage.com

Trademarked names appear throughout this book. Rather than use a trademark symbol with every occurrence of a trademarked name, names are used in an editorial fashion, with no intention of infringement of the respective owner's trademark.

The information in this book is distributed on an "as is" basis, without warranty. Although every precaution has been taken in the preparation of this work, neither the author nor the publisher shall have any liability to any person or entity with respect to any loss or damage caused or alleged to be caused directly or indirectly by the information contained in this book.

101 Conversations in Simple Italian: Short Natural Dialogues to Boost Your Confidence & Improve Your Spoken Italian

ISBN: 978-1-08-164676-9

FREE "STORY LEARNING" KIT

Discover how to learn foreign languages faster & more effectively through the power of story.

Your free video masterclasses, action guides & handy printouts include:

- A simple six-step process to maximise learning from reading in a foreign language

- How to double your memory for new vocabulary from stories

- Planning worksheet (printable) to learn faster by reading more consistently

- Listening skills masterclass: "How to effortlessly understand audio from stories"

- How to find willing native speakers to practise your language with

To claim your FREE "Story Learning" Kit, visit:

https://www.iwillteachyoualanguage.com/kit

WE DESIGN OUR BOOKS TO BE INSTAGRAMMABLE!

Post a photo of your new book to Instagram

using #storylearning and you'll get an entry

into our monthly book giveaways!

Tag us **@ORP_books** to make sure we see you!

BOOKS BY OLLY RICHARDS

Olly Richards writes books to help you learn languages through the power of story. Here is a list of all currently available titles:

Short Stories in Danish For Beginners

Short Stories in Dutch For Beginners

Short Stories in English For Beginners

Short Stories in French For Beginners

Short Stories in German For Beginners

Short Stories in Icelandic For Beginners

Short Stories in Italian For Beginners

Short Stories in Norwegian For Beginners

Short Stories in Brazilian Portuguese For Beginners

Short Stories in Russian For Beginners

Short Stories in French For Beginners

Short Stories in Swedish For Beginners

Short Stories in Turkish For Beginners

Short Stories in Arabic for Intermediate Learners

Short Stories in English for Intermediate Learners

Short Stories in Italian for Intermediate Learners

Short Stories in Korean for Intermediate Learners

Short Stories in French for Intermediate Learners

101 Conversations in Simple English

101 Conversations in Simple French

101 Conversations in Simple German

101 Conversations in Simple Italian

101 Conversations in Simple French

101 Conversations in Intermediate English

101 Conversations in Intermediate French

101 Conversations in Intermediate German

101 Conversations in Intermediate Italian

101 Conversations in Intermediate French

All titles are also available as audiobooks.

For more information visit Olly's author page at:

http://iwillteachyoualanguage.com/amazon

ABOUT THE AUTHOR

 Olly Richards is a foreign language expert and teacher who speaks eight languages and has authored over 20 books. He has appeared in international press including the BBC, Independent, El País, and Gulf News. He has also featured in a BBC documentary and authored language courses for the Open University.

Olly started learning his first foreign language at the age of 19, when he bought a one-way ticket to Paris. With no exposure to languages growing up, and no natural talent for languages, Olly had to figure out how to learn Italian from scratch. Twenty years later, Olly has studied languages from around the world and is considered an expert in the field.

Through his books and website, I Will Teach You A Language, Olly is known for teaching languages through the power of story – including the book you are holding in your hands right now!

You can find out more about Olly, including a library of free training, at his website:

https://www.iwillteachyoualanguage.com

CONTENTS

INTRODUCTION

If you've ever tried speaking Italian with a stranger, chances are it wasn't easy! You might have felt tongue-tied when you tried to recall words or verb conjugations. You might have struggled to keep up with the conversation, with Italian words flying at you at 100mph. Indeed, many students report feeling so overwhelmed with the experience of speaking Italian in the real world that they struggle to maintain motivation. The problem lies with the way Italian is usually taught. Textbooks and language classes break Italian down into rules and other "nuggets" of information in order to make it easier to learn. But that can leave you with a bit of a shock when you come to actually speak Italian out in the real world: "People don't speak like they do in my textbooks!" That's why I wrote this book.

101 Conversations in Simple Italian prepares you to speak Italian in the real world. Unlike the contrived and unnatural dialogues in your textbook, the 101 authentic conversations in this book offer you simple but authentic spoken Italian that you can study away from the pressure of face-to-face conversation. The conversations in this book tell the story of six people in Madrid. You'll experience the story by following the conversations the characters have with one another. Written entirely in spoken Italian, the conversations give you the authentic experience of reading real Italian in a format that is convenient and accessible for a beginner (A2 on the Common European Framework of Reference).

The extensive, story-based format of the book helps you get used to spoken Italian in a natural way, with the words and phrases you see gradually emerging in your own spoken Italian as you learn them naturally through your reading. The book is packed with engaging learning material including short dialogues that you can finish in one sitting, helpful English definitions of difficult words, scene-setting introductions to each chapter to help you follow along, and a story that will have you gripped until the end. These learning features allow you to learn and absorb new words and phrases, and then activate them so that, over time, you can remember and use them in your own spoken Italian. You'll never find another way to get so much practice with real, spoken Italian!

Suitable for beginners and intermediate learners alike, *101 Conversations in Simple Italian* is the perfect complement to any Italian course and will give you the ultimate head start for using Italian confidently in the real world! Whether you're new to Italian and looking for an entertaining challenge, or you have been learning for a while and want to take your speaking to the next level, this book is the biggest step forward you will take in your Italian this year.

If you're ready, let's get started!

HOW TO USE THIS BOOK

There are many possible ways to use a resource such as this, which is written entirely in Italian. In this section, I would like to offer my suggestions for using this book effectively, based on my experience with thousands of students and their struggles.

There are two main ways to work with content in a foreign language:

1. Intensively

2. Extensively

Intensive learning is when you examine the material in great detail, seeking to understand all the content - the meaning of vocabulary, the use of grammar, the pronunciation of difficult words, etc. You will typically spend much longer with each section and, therefore, cover less material overall. Traditional classroom learning, generally involves intensive learning. *Extensive* learning is the opposite of intensive. To learn extensively is to treat the material for what it is – not as the object of language study, but rather as content to be enjoyed and appreciated. To read a book for pleasure is an example of extensive reading. As such, the aim is not to stop and study the language that you find, but rather to read (and complete) the book.

There are pros and cons to both modes of study and, indeed, you may use a combination of both in your approach.

However, the "default mode" for most people is to study *intensively*. This is because there is the inevitable temptation to investigate anything you do not understand in the pursuit of progress and hope to eliminate all mistakes. Traditional language education trains us to do this. Similarly, it is not obvious to many readers how extensive study can be effective. The uncertainty and ambiguity can be uncomfortable: "There's so much I don't understand!"

In my experience, people have a tendency to drastically overestimate what they can learn from intensive study, and drastically underestimate what they can gain from extensive study. My observations are as follows:

- **Intensive learning**: Although it is intuitive to try to "learn" something you don't understand, such as a new word, there is no guarantee you will actually manage to "learn" it! Indeed, you will be familiar with the feeling of trying to learn a new word, only to forget it shortly afterwards! Studying intensively is also time-consuming meaning you can't cover as much material.

- **Extensive learning**: By contrast, when you study extensively, you cover huge amounts of material and give yourself exposure to much more content in the language than you otherwise would. In my view, this is the primary benefit of extensive learning. Given the immense size of the task of learning a foreign language, extensive learning is the only way to give yourself the exposure to the language that you need in order to stand a chance of acquiring it. You simply can't learn everything you need in the classroom!

When put like this, extensive learning may sound quite compelling! However, there is an obvious objection: "But how do I *learn* when I'm not looking up or memorising things?" This is an understandable doubt if you are used to a traditional approach to language study. However, the truth is that you can learn an extraordinary amount *passively* as you read and listen to the language, but only if you give yourself the opportunity to do so! Remember, you learned your mother tongue passively. There is no reason you shouldn't do the same with a second language!

Here are some of the characteristics of studying languages extensively:

Aim for completion When you read material in a foreign language, your first job is to make your way through from beginning to end. Read to the end of the chapter or listen to the entire audio without worrying about things you don't understand. Set your sights on the finish line and don't get distracted. This is a vital behaviour to foster because it trains you to enjoy the material before you start to get lost in the details. This is how you read or listen to things in your native language, so it's the perfect thing to aim for!

Read for gist The most effective way to make headway through a piece of content in another language is to ask yourself: "Can I follow the gist of what's going on?" You don't need to understand every word, just the main ideas. If you can, that's enough! You're set! You can understand and enjoy a great amount with gist alone, so carry on through the material and enjoy the feeling of making progress! If the material is so hard that you struggle to understand even the gist, then my advice for you would be to consider easier material.

Don't look up words As tempting as it is to look up new words, doing so robs you of time that you could spend reading the material. In the extreme, you can spend so long looking up words that you never finish what you're reading. If you come across a word you don't understand… Don't worry! Keep calm and carry on. Focus on the goal of reaching the end of the chapter. You'll probably see that difficult word again soon, and you might guess the meaning in the meantime!

Don't analyse grammar Similarly to new words, if you stop to study verb tenses or verb conjugations as you go, you'll never make any headway with the material. Try to *notice* the grammar that's being used (make a mental note) and carry on. Have you spotted some unfamiliar grammar? No problem. It can wait. Unfamiliar grammar rarely prevents you from understanding the gist of a passage but can completely derail your reading if you insist on looking up and studying every grammar point you encounter. After a while, you'll be surprised by how this "difficult" grammar starts to become "normal"!

You don't understand? Don't worry! The feeling you often have when you are engaged in extensive learning is: "I don't understand". You may find an entire paragraph that you don't understand or that you find confusing. So, what's the best response? Spend the next hour trying to decode that difficult paragraph? Or continue reading regardless? (Hint: It's the latter!) When you read in your mother tongue, you will often skip entire paragraphs you find boring, so there's no need to feel guilty about doing the same when reading Italian. Skipping difficult passages of text may feel like cheating, but it can, in fact, be a mature approach to reading that allows you to make progress through the material and, ultimately, learn more.

If you follow this mindset when you read Italian, you will be training yourself to be a strong, independent Italian learner who doesn't have to rely on a teacher or rule book to make progress and enjoy learning. As you will have noticed, this approach draws on the fact that your brain can learn many things naturally, without conscious study. This is something that we appear to have forgotten with the formalisation of the education system. But, speak to any accomplished language learner and they will confirm that their proficiency in languages comes not from their ability to memorise grammar rules, but from the time they spend reading, listening to, and speaking the language, enjoying the process, and integrating it into their lives.

So, I encourage you to embrace extensive learning, and trust in your natural abilities to learn languages, starting with… The contents of this book!

THE FIVE-STEP READING PROCESS

Here is my suggested five-step process for making the most of each conversation in this book:

1. Read the short introduction to the conversation. This is important, as it sets the context for the conversation, helping you understand what you are about to read. Take note of the characters who are speaking and the situation they are in. If you need to refresh your memory of the characters, refer to the character introductions at the front of the book.

2. Read the conversation all the way through without stopping. Your aim is simply to reach the end of the conversation, so do not stop to look up words and do not worry if there are things you do not understand. Simply try to follow the gist of the conversation.

3. Go back and read the same conversation a second time. If you like, you can read in more detail than before, but otherwise simply read it through one more time, using the vocabulary list to check unknown words and phrases where necessary.

4. By this point, you should be able to follow the gist of the conversation. You might like to continue to read the same conversation a few more times until you feel confident. This is time well-spent and with each repetition you will gradually build your understanding of the content.

5. Move on! There is no need to understand every word in the conversation, and the greatest value to be derived from the book comes from reading it through to completion! Move on to the next conversation and do your best to enjoy the story at your own pace, just as you would any other book.

At every stage of the process, there will inevitably be words and phrases you do not understand or passages you find confusing. Instead of worrying about the things you *don't* understand, try to focus instead on everything that you *do* understand, and congratulate yourself for the hard work you are putting into improving your Italian.

MISTERO A ROMA

(Mystery in Rome)

Translated by Annalisa Distefano

CHARACTER PROFILES

Nina

Nina is a very observant and curious young woman. She studied History of Art at Oxford University in England. Her parents are Italian but she has lived in England all of her life. She loves to read, visit museums and draw.

Alice

Alice is a 28-year-old writer who writes mystery novels for an important Italian publishing company. She lives in England, with Nina, but she loves to travel in Italy, her native country. Unlike Nina, she does not like history and does not know much about art. She prefers reading mystery novels, watching horror movies and loves the outdoors.

Lorenzo Reali

Lorenzo Reali is a wealthy middle-aged man. He is the father of a young girl, named Mariana. Lorenzo has always been an avid art collector and his most prised collection contains a number of important 18th century Italian art works, including a number of paintings by the legendary Italian artists, Luca Giordano.

Mariana Reali

Mariana is the daughter of Lorenzo and she has inherited his love for collections. Mariana's greatest passion is her collection of rare comics, which she passes her days reading in her bedroom.

Remo Ricci

Remo Ricci is an antiques dealer who has a shop in one of Rome's oldest antiques markets. Remo is known for not being picky about the objects he receives. He will accept stolen objects and is just as ready to swindle the sellers he obtains objects from as he is to prey on innocent buyers. However, Remo doesn't know very much about art, so he would not be capable of recognising a truly valuable work, even if it was right under his nose.

L'uomo col Capello

This mysterious character has been seen visiting Rome's antiques market and museums a lot lately. Nobody knows much about him, except that he seems to have a passion for art and history and he always keeps the brim of his hat down so it is hard to catch a clear glimpse of his face.

INTRODUCTION TO THE STORY

Nina, a young art historian, travels to Italy with her friend, Alice.

One day, while wandering through an antiques market in Rome, the friends see a collection of beautiful paintings which immediately draw Nina's attention. Before long, Nina recognises one of the paintings as an original work by the legendary Italian painter Luca Giordano. But why would one of Giordano's paintings be on sale in an old antiques market?

Nina and Alice decide to speak with the owner of the market stall to find out. The stall owner, Remo Ricci, tells them that a few days ago, a strange man sold him the paintings. He explains however, that he did not realise they were original works and that he did not pay very much for them. Nina begins to worry, realising that the artwork must be stolen.

Remo promises the girls that he will contact a friend who is an expert in Italian art and ask him to examine the paintings and verify their authenticity. He tells them that if the paintings turn out to be stolen, he will call the police the next day to report the crime. Nina and Alice decide to take Remo at his word and leave the market, promising to return the next day to find out what happens. But as they leave, neither of them can shake the feeling that something is not right about the whole situation....

1. NINA E ALICE

Nina e Alice sono in vacanza a Roma. Si conoscono dai tempi dell'università e vivono insieme da diversi anni. Nina è una storica dell'arte e Alice è una scrittrice di libri del mistero. Sono in albergo, il primo giorno della loro vacanza. È una giornata calda e soleggiata.

Alice: Buongiorno, Nina! Come hai dormito?

Nina: Benissimo! E tu?

Alice: Anch'io molto bene. Che cosa vuoi fare oggi?

Nina: Mmm.... Mi piacerebbe vedere un mercato!

Alice: Ottima idea! Un mercato... alimentare?

Nina: No, vorrei visitare un mercato di antiquariato.

Alice: L'idea mi piace. Ne conosci qualcuno?

Nina: No, ma ne cerco uno con il telefono.... Eccone uno! Si chiama "Anticaglie".

Alice: Che nome carino!

Nina: Sì, è vero.

Alice: È aperto il sabato?

Nina: Sì, è aperto tutti i sabati dalle 8:30. Ora sono le 9:30.

Alice: Perfetto! Dove si trova?

Nina: Sul Lungotevere, a Ponte Milvio…. È un po' lontano. Possiamo andare in taxi.

Alice: Va bene, andiamo lì!

Lessico

mercato di antiquariato flea market
carino cute
eccone uno here it is one
dove si trova where is located/where is it
un po' lontano a bit far

2. IL VIAGGIO
AL MERCATO

Nina e Alice escono dall'albergo e cercano un taxi per andare al mercato Anticaglie.

Nina: Non vedo nessun taxi. E tu?

Alice: Ne arriva uno! Alza la mano!

Nina: Salve, signore.

Tassista: Buongiorno, ragazze. Dove volete andare?

Alice: Al mercato Anticaglie a Ponte Milvio.

Tassista: È sul Lungotevere, no?

Nina e Alice: Sì!

Tassista: Va bene. Salite. Andate a comprare oggetti di antiquariato?

Nina: È probabile. Io sono una storica dell'arte. Mi piace molto l'antiquariato.

Tassista: Sul serio? Roma è una città piena d'arte. Anche tu sei una storica dell'arte?

Alice: No, io sono una scrittrice.

Tassista: Bello! Cosa scrivi?

Alice: Scrivo libri del mistero.

Tassista: Davvero interessante! Anche nel mercato Anticaglie ci sono dei misteri....

Alice: Davvero?

Tassista: Certo! Al mercato Anticaglie c'è tantissima roba rubata....

Lessico

sul serio? really/seriously
bello! nice!
davvero very/really
anche as well
certo! sure!
roba rubata stolen stuff

3. AL MERCATO ANTICAGLIE

Nina e Alice arrivano al bellissimo mercato Anticaglie.

Alice: Wow! Guarda quanta roba, Nina!

Nina: È stupendo! Vedo tantissime bancarelle. C'è anche tanta gente.

Alice: Guarda questo orologio! È antico?

Nina: Sì, mi sembra molto antico.

Alice: E quel dipinto? È originale?

Nina: Sì, sembra originale.

Alice: Credi che costerà tanto?

Nina: Non credo. Chiediamo…. Buongiorno, signore. Quanto costa quel dipinto?

Venditore: Buongiorno. Costa 50 euro. Lo prendete?

Alice: No, grazie. Stavamo solo chiedendo.

Nina: E l'orologio, quanto costa?

Venditore: L'orologio vale 130 euro. È un orologio molto antico.

Nina: Grazie!

Alice: Credi che sia rubato?

Nina: Non lo so. Può essere! Non c'è modo di saperlo.

Alice: Guarda quella piccola bancarella. Sembra interessante. Vuoi dare un'occhiata?

Nina: Certo, andiamo.

Lessico

bancarelle stands
sembra it seems
non credo I don't think so
il dipinto painting
l'orologio clock/ wrist watch
vale it's worth
può essere it could be
dare un'occhiata to take a look

4. LA BANCARELLA DEL SIGNOR REMO RICCI

Nina e Alice si avvicinano a una piccola bancarella di antiquariato nel mercato Anticaglie.

Remo Ricci: Buongiorno, ragazze!

Nina e Alice: Salve!

Remo Ricci: Mi chiamo Remo Ricci e questa è la mia bancarella. Potete chiedermi quello che volete.

Nina: Piacere. Diamo un'occhiata.

Remo Ricci: Fate pure!

Alice: Guarda quante cose belle! Ha molte opere d'arte. Ti piacciono?

Nina: Sì, ci sono cose molto belle. Ci sono tanti dipinti, sculture, disegni, libri... ci sono persino fumetti!

Alice: Credi che alcuni di questi oggetti siano rubati?

Nina: Ahahah, non lo so. Perché?

Alice: Mi piacciono i misteri!

Nina: Qui non ci sono misteri, Alice, c'è solo arte.... Aspetta! Guarda qua! Non può essere!

Lessico

diamo un'occhiata we're going to look around
fate pure! go ahead
le opere d'arte artworks
le sculture sculptures
i disegni drawings
persino even
fumetti comics
non può essere! no way!

5. DEI DISEGNI MOLTO SPECIALI

In una bancarella del mercato Anticaglie, Nina vede dei disegni che attirano immediatamente la sua attenzione.

Nina: Questi disegni li conosco! Sono di Luca Giordano.

Alice: Chi è Luca Giordano?

Nina: Giordano era un pittore napoletano del 17esimo secolo. È uno dei pittori più prolifici della storia!

Alice: Sei sicura che questi disegni suoi?

Nina: Sì, sono sicura. Li ho studiati all'università.

Alice: Credi che siano originali?

Nina: Sì, ne sono quasi sicura. Sembrano originali.... Eppure, non può essere! Come mai sono qui? Costano solo 100 euro!

Alice: Dovrebbero trovarsi in un museo?

Nina: Sì, dovrebbero essere in un museo, in una galleria o in una collezione privata.

Alice: Che facciamo?

Nina: Non lo so. Chiediamo al proprietario della bancarella?

Alice: Sì, non possiamo fare altro.

Lessico

attirano la sua attenzione get her attention
conoscere to be familiar with
il secolo century
sei sicura? are you sure?
quasi almost
dovrebbero to have to (should / must)
il proprietario owner

6. COME SONO ARRIVATI QUI?

Nina e Alice mostrano a Remo Ricci i disegni che hanno trovato nella sua bancarella e Nina gli spiega che secondo lei sono disegni originali di Luca Giordano.

Remo Ricci: Dici che Luca Giordano ha fatto questi disegni?!

Nina: Sì, ne sono quasi certa. Io sono una storica dell'arte. Conosco le opere del Giordano. Conosco i suoi dipinti e i suoi disegni. Questi disegni sono di Giordano.

Remo Ricci: Non ci posso credere!

Alice: Come mai sono qui? Come ci sono finiti?

Remo Ricci: Non lo so. Un sacco di gente porta opere. Io le compro e poi le rivendo ai visitatori.

Alice: Si ricorda chi le ha portato questi disegni?

Remo Ricci: Sì, credo un uomo…. Non ricordo bene la sua faccia.

Alice: Quando ha portato qui i disegni?

Remo Ricci: Questa mattina, da poco.

Nina: Secondo lei i disegni sono rubati?

Remo Ricci: È possibile….

Lessico

secondo [lei] according to [her]
non ci posso credere! I can't believe it!
un sacco di... a lot of
finirci to end up
ricordarsi remember
la faccia face
da poco a little while ago

7. LA CHIAMATA

Remo Ricci dice a Nina e ad Alice di avere una possibile soluzione per il problema dei disegni di Luca Giordano.

Alice: Che facciamo?

Remo Ricci: Ho un'idea! Ho un amico che è anche lui uno storico dell'arte. È un esperto di arte napoletana. Si chiama Emanuele Valverde. Sono certo che lui sarà in grado di dirci se si tratta davvero di opere di Giordano. Se sono del Giordano, chiamiamo la polizia.

Nina: Mi sembra una buona idea.

Alice: È un'ottima idea.

Remo Ricci: Lo chiamo subito.... Pronto! Ciao, Emanuele! Ho bisogno di un favore. Puoi venire alla mia bancarella? Ci sono delle opere che sembrano essere originali del Giordano. Sì, di Luca Giordano! Va bene, ti aspetto. Ciao!

Alice: Il suo amico viene subito?

Remo Ricci: Dice che non è in città al momento. Però rientra domani e passerà di qua. Volete esserci anche voi?

Nina: Sì, penso sia meglio. Inoltre, vorrei conoscere il suo amico, l'esperto, e analizzare le opere insieme a lui.

Remo Ricci: Vi aspetto domani allora.

Nina e Alice: A domani!

Lessico

anche also/as well
[essere] certo to be sure
essere in grado di... to be capable/able to
si tratta it's about
subito immediately
ho bisogno I need
ti aspetto I'll wait for you
inoltre moreover, also

8. UN UOMO SOSPETTO

Nina e Alice si allontanano dalla bancarella e tornano in albergo. Prima di prendere un taxi, Alice dice a Nina che un uomo alla bancarella ha attirato la sua attenzione.

Alice: C'è un uomo strano alla bancarella.

Nina: Parli di Remo Ricci?

Alice: No, c'è un altro uomo, un visitatore.

Nina: Che aspetto ha?

Alice: È alto e ha un cappello.... Eccolo là! È quello che si sta allontanando ora dalla bancarella.

Nina: Perché dici che è sospetto?

Alice: Non so. Mi sembra un tipo strano....

Nina: Secondo te è il ladro?

Alice: Non lo so, però sono un po' preoccupata.

Nina: Perché sei preoccupata?

Alice: Perché, se ci ha sentiti, ora quell'uomo col cappello sa che ci sono dei disegni di valore nella bancarella.

Lessico

allontanarsi to walk away
strano strange
sospetto suspicious
eccolo là! there he is
il ladro thief / burglar
preoccupata worried
valore valuable

9. LA NOTIZIA

Il giorno dopo, Nina e Alice sono di nuovo in albergo e stanno guardano un po' la televisione, quando il presentatore alla TV annuncia una notizia dell'ultimo minuto.

Presentatore televisivo: Un furto al centro di Roma! Disegni di valore di Luca Giordano sono spariti da una collezione privata.

Nina: Non può essere! Sono i tre disegni della bancarella!

Alice: Sì! Sono proprio loro: c'è il disegno del Cristo con la croce, il disegno degli angeli e quello della figura di uomo in piedi.

Presentatore televisivo: Non c'è nessun indizio sul ladro. Non si sa dove si trovino i disegni. Il proprietario della collezione, Lorenzo Reali, offre una generosa ricompensa. La polizia sta investigando.

Nina: Che facciamo?

Alice: Chiamiamo la polizia?

Nina: No, meglio andare alla bancarella del signor Remo Ricci. Chiamiamo la polizia da lì.

Alice: Sì, forse è meglio. In questo modo nessuno penserà che lui è il sospetto.

Lessico

il giorno dopo the next day
il presentatore the TV host
notizia dell'ultimo minuto breaking news
furto theft
sparire to disappear
la croce the cross
in piedi standing
indizio clue
la ricompensa reward
in questo modo this way

10. IL SECONDO FURTO

Quando Nina e Alice arrivano alla bancarella, trovano la polizia già lì. I banchi degli oggetti sono sottosopra. Il signor Remo è molto triste.

Nina: Signor Remo....

Remo Ricci: Siete qui! Detective, loro sono le ragazze di ieri.

Alice: Che è successo?

Remo Ricci: Loro sono testimoni, ieri i disegni erano qui. Qualcuno ha rubato le opere dalla bancarella! Mi sono allontanato solo un attimo per mangiare un boccone! Lo faccio sempre!

Nina: Davvero?

Remo Ricci: Lei è la storica dell'arte. Lei sa che si tratta dei disegni di Luca Giordano.

Nina: Sì, ne sono certa. Sono i disegni della collezione privata di Lorenzo Reali. Ne hanno parlato in televisione.

Detective Santoro: Salve, sono l'investigatrice Santoro. Piacere. Sai chi è il ladro?

Nina: No, non lo so.

Alice: Magari è l'uomo col cappello!

Detective Santoro: L'uomo col cappello?

Alice: Sì, un uomo che era qui alla bancarella ieri.

Detective Santoro: Investigheremo.

Lessico

sottosopra messy, upsidedown
che è successo? what happened?
i testimoni witnesses
mangiare un boccone to grab a bite
magari perhaps
era was (from the verb *essere*)

11. NINA E ALICE AL BAR

Nina e Alice entrano in un bar per fare colazione e discutere dei disegni rubati.

Cameriere: Salve, cosa vi porto?

Nina: Salve. Io prendo un caffè macchiato.

Alice: Io vorrei una cioccolata calda con panna per favore.

Cameriere: Nessun problema! Ve li porto subito.

Nina: Allora, che ne pensi del caso?

Alice: Mmm.... Abbiamo due furti. Qualcuno ha rubato i disegni dalla casa di Lorenzo Reali. E oggi... qualcuno li ha rubati dalla bancarella del signor Remo.

Nina: Secondo te si tratta della stessa persona?

Alice: Potrebbe essere! La persona che ha rubato i disegni dalla casa di Lorenzo Reali non conosceva il loro valore. Sono di grande valore, ma ha venduto i disegni a poco prezzo. Poi, dopo aver sentito la notizia del furto in TV ha scoperto il loro vero valore ed è tornato a rubare i disegni.

Nina: Può anche esserci un secondo ladro.

Alice: Ovvio. Qualcuno che magari ci ha sentite parlare con il signor Remo....

Nina: Qualcuno come quel misterioso uomo col cappello?

Lessico

caffè macchiato espresso with a drop of hot foamed milk
la panna whipped cream
potrebbe essere it could be
a poco prezzo for cheap
scoprire to discover
ovvio obvious, clear
qualcuno someone

12. IL PASSO SUCCESSIVO

Il cameriere porta al tavolo di Nina e Alice quello che hanno ordinato. Alla TV del bar si sente ancora la notizia del furto nella casa di Lorenzo Reali.

Alice: Grazie. Ci può portare dello zucchero per favore?

Cameriere: Sì, subito.

Alice: Che facciamo ora?

Nina: Beh, niente! Perché, vorresti fare qualcosa? L'investigatrice Santoro sta già seguendo il caso.

Alice: Ma è divertente! Perché non andiamo a casa di Lorenzo Reali?

Cameriere: Scusate se mi intrometto, ma Lorenzo Reali non vive in una casa. Vive in una villa!

Nina: È un uomo ricco?

Cameriere: Sì, ricchissimo. Ha una grande collezione d'arte.

Alice: Sa dove vive?

Cameriere: Sì, certo, vive lì di fronte, se attraversate la strada. Potete vedere la sua villa anche da qui.

Alice: Ci porta il conto, per favore?

Lessico

ancora yet/still
ci può portare could you bring us
beh so, well (filler word)
sta seguendo is following (from the verb *seguire*)
è divertente it's fun
mi intrometto to interfere / to meddle (from *intromettersi*)
attraversare to cross
il conto the bill

13. NELLA VILLA DI LORENZO REALI

Dopo la colazione al bar, Nina e Alice attraversano la strada per raggiungere la villa di Lorenzo Reali, per investigare il furto dei disegni di Giordano. Suonano il campanello e l'uomo esce per riceverle.

Lorenzo Reali: Siete giornaliste?

Nina: No, non siamo giornaliste. Noi abbiamo visto i suoi disegni, signore, in una bancarella al mercato Anticaglie.

Lorenzo Reali: Ah, voi avete riconosciuto i disegni?

Nina e Alice: Sì!

Lorenzo Reali: E come avete fatto?

Nina: Io sono una storica dell'arte. Luca Giordano mi piace moltissimo. Appena ho visto i disegni nella bancarella del signor Remo Ricci, ho riconosciuto immediatamente il lavoro di Luca Giordano! All'università abbiamo studiato a fondo il suo lavoro; so riconoscere le sue opere senza problemi.

Lorenzo Reali: Anche tu sei una storica dell'arte?

Alice: No, io sono una scrittrice.

Lorenzo Reali: Cosa scrivi?

Alice: Scrivo storie del mistero, gialli, storie di furti, crimini. Adoro risolvere i misteri.

Lorenzo Reali: Interessante…. Entrate. Volete qualcosa da bere?

Lessico

il campanello the doorbell
esce per riceverle comes out to receive them
il giornalista reporter
riconoscere to recognise
gialli [specific Italian term to refer to] mystery novels
entrate come in (from the verb *entrare*)

14. LA RICOMPENSA

Alice fa alcune domande al signor Lorenzo Reali sul furto dei disegni di Luca Giordano. Sono seduti nel salotto della villa.

Alice: Quando è successo il furto?

Lorenzo Reali: Ieri, sabato. Lo so perché ho visto i disegni l'ultima volta venerdì sera. Poi ieri pomeriggio non c'erano più.

Alice: E ha chiamato la polizia?

Lorenzo Reali: Sì, certo, immediatamente.

Alice: Ha avvisato anche la televisione?

Lorenzo Reali: Sì, tutti lo devono sapere! Così posso offrire una ricompensa a chi li ritrova.

Nina: Offre una ricompensa a chi ritrova i disegni?

Lorenzo Reali: Certamente. Offro mille euro di ricompensa. Lo dicono anche in televisione.

Alice: A noi non importano i soldi, signor Reali. Vogliamo solo aiutarla.

Nina: È vero, signore. Non vogliamo soldi. Ci interessa solo l'arte.

Alice: E i misteri!

Nina: E i misteri, ovviamente!

Lessico

sono seduti they're sitting
non c'erano più they weren't there anymore
ricompensa reward
a noi non importa we don't care
vero true
ovviamente obviously

15. LA CHIAVE

Lorenzo racconta a Nina e ad Alice tutto sul furto, per poter riuscire a ritrovare i disegni rubati.

Alice: Dove tiene la sua collezione d'arte?

Lorenzo Reali: Al secondo piano, in una grande stanza…. andiamo sopra!

Alice: Questa stanza ha una chiave?

Lorenzo Reali: Sì, certo!

Alice: Chi ha la chiave della stanza?

Lorenzo Reali: La chiave ce l'ho io. Nessun altro.

Alice: Dove tiene la chiave?

Lorenzo Reali: Qui, in questa collana d'oro che porto sempre al collo.

Nina: Wow! È una stanza incredibile! Quanti dipinti!

Alice: Le piace molto l'arte, signor Reali?

Lorenzo Reali: Sì, più di qualsiasi altra cosa al mondo. L'arte è la mia vita. Amo la mia collezione e sono molto triste perché adesso è incompleta.

Lessico

racconta he/she tells (from the verb *raccontare*)
riuscire to be able to
tiene he/she keeps (from the verb *tenere*)
il piano floor
la chiave key
la collana d'oro gold chain/necklace
portare to wear
il collo neck

16. L'INVESTIGAZIONE

Alice fa altre domande a Lorenzo Reali, mentre ammirano la sua collezione d'arte.

Alice: Secondo Lei hanno forzato la porta?

Lorenzo Reali: No, la polizia dice che nessuno ha forzato la porta.

Alice: Quindi qualcuno ha preso la chiave.

Lorenzo Reali: Potrebbe essere.... È difficile, però potrebbe essere.

Alice: Chi vive nella villa?

Lorenzo Reali: Mia figlia Marianna, il personale ed io.

Alice: Quante persone lavorano qui?

Lorenzo Reali: Sei persone: l'addetto alle pulizie, un impiegato alla sicurezza, un giardiniere, due cuochi e la tata di mia figlia. Secondo voi il ladro è qualcuno della casa?

Alice: Non lo so. È possibile. È qualcuno che non conosce il valore dei disegni. Erano in vendita a un prezzo molto basso al mercato Anticaglie. A solo 100 euro! Ma valgono centinaia di migliaia di euro!

Lorenzo Reali: Spero di non avere problemi con nessuno dei miei dipendenti.

Lessico

mentre while
forzare to break open
il personale the staff / employees
l'addetto alle pulizie cleaner
l'impiegato employee
il giardiniere gardener
la tata nanny
erano in vendita they were being sold
centinaia di migliaia hundreds of thousands

17. L'INTERRUZIONE

Mentre Alice fa delle domande a Lorenzo Reali, qualcun altro entra nella stanza. È una bambina di 12 anni, molto alta, coi capelli biondi e gli occhi neri.

Lorenzo Reali: Marianna! Vieni, voglio presentarti due ragazze adorabili. Lei è Nina, una storica dell'arte. Le piace molto l'arte, come a noi.

Marianna Reali: Ciao, Nina.

Nina: Ciao, Marianna, è un piacere!

Lorenzo Reali: E questa è Alice. Lei è una scrittrice e si occupa di furti e misteri.

Alice: Piacere di conoscerti.

Marianna Reali: Piacere.

Lorenzo Reali: Ieri loro hanno visto i disegni in una bancarella al mercato Anticaglie e vogliono aiutarci a ritrovarli... e a trovare il ladro!

Marianna Reali: Sapete già chi ha rubato i disegni?

Alice: No, non ancora, però sono sicura che scopriremo chi è il colpevole.

Marianna Reali: Avete indizi?

Alice: Alcuni.... Aspetta un attimo, come sei entrata? Anche tu hai la chiave della stanza?

Lorenzo Reali: Sì. Ho dimenticato di dirvelo. Marianna è l'unica ad avere una copia della chiave.

Lessico

presentare to introduce / to present
è un piacere it's a pleasure [to meet you]
si occupa di works in... (form the verb *occuparsi*)
il colpevole the culprit
come sei entrata? how did you get in?
ho dimenticato di dirvelo I forgot to tell you
l'unico the only one

18. LORENZO E MARIANNA

Nina e Alice parlano con Lorenzo e Marianna sulla scomparsa dei disegni.

Alice: Qualcuno ti ha chiesto la chiave, Marianna?

Marianna Reali: No…. La tengo sempre con me.

Lorenzo Reali: Marianna è molto attenta. Lei conosce l'importanza dell'arte. Non è vero? Anche lei ha una collezione.

Marianna Reali: Sì! Ho una collezione di fumetti.

Alice: Di fumetti?

Marianna Reali: Sì... vignette... storie a fumetti! Ho fumetti da tutto il mondo: dagli Stati Uniti, dal Giappone, dalla Francia, dall'Argentina. Colleziono vecchi fumetti e nuovi.

Nina: Davvero interessante! Anch'io amo i fumetti. Posso vedere la tua collezione?

Marianna Reali: Sì, certo! Vieni con me. Te la faccio vedere.

Lessico

la scomparsa the disappearance
attento/a careful
i fumetti comics
le vignette comic strips
te la faccio vedere I'll show it to you

19. LA SECONDA COLLEZIONE

Marianna Reali mostra la sua collezione di storie a fumetti a Nina. Ha una camera grande, piena di enormi scaffali pieni di fumetti.

Nina: È una collezione incredibile!

Marianna Reali: Sì, è quello che amo di più nella vita! Colleziono fumetti da quando avevo cinque anni.

Nina: Wow! È sorprendente! Dove compri i fumetti?

Marianna Reali: I più comuni li compro nei negozi di fumetti. Quelli più rari di solito li acquisto nei mercatini di antiquariato.

Nina: Nei mercatini di antiquariato? Come al mercato Anticaglie?

Marianna Reali: Eh…. Sì, a volte trovo dei fumetti lì. È molto vicino a casa mia.

Nina: Hai mai visto un uomo con un cappello al mercato?

Marianna Reali: Sì… so di chi parli: un uomo molto alto e con un cappello nero, vero?

Lessico

pieno full
scaffali shelves
sorprendente astonishing / surprising / amazing
rari rare
acquistare to purchase
vicino near
hai mai visto have you ever seen

20. L'ADDETTO
ALLE PULIZIE

Mentre Nina è nella stanza di Marianna, Alice e il signor Lorenzo Reali scendono al piano di sotto per parlare dei dipendenti della casa.

Alice: Vorrei sapere altri dettagli sulle persone che lavorano in questa casa. Sarebbe possibile?

Lorenzo Reali: Sì, certo! Nessun problema.

Alice: Chi è l'addetto alle pulizie?

Lorenzo Reali: L'addetto alle pulizie si chiama Carlo. Carlo è pugliese e lo conosco da una vita. Suo padre era amico di mio padre.

Alice: Potrebbe essere lui il ladro?

Lorenzo Reali: Non credo. È un brav'uomo e ci fidiamo di lui.

Alice: Va bene. Carlo ha notato qualcosa di strano il giorno del furto?

Lorenzo Reali: Perché non lo chiedi a lui? Vado a chiamarlo.

Lessico

scendere al piano di sotto to go down at the lower floor
i dipendenti employees
pugliese person from the Puglia region
da una vita since forever
ci fidiamo di lui we trust him

21. LA SCATOLA DI METALLO

Mentre Nina ammira la collezione di fumetti di Marianna nota una scatola di metallo che cattura la sua attenzione.

Nina: Che cosa c'è in questa scatola?

Marianna Reali: In quella scatola c'è il mio fumetto più prezioso. Vuoi vederlo?

Nina: Sì, vorrei vederlo.

Marianna Reali: Guarda….

Nina: Oh! È molto antico?

Marianna Reali: Sì, ha più di cento anni. Viene dagli Stati Uniti. Si intitola *Little Nemo in Slumberland*, "Il piccolo Nemo nel paese dei sogni".

Nina: E di cosa parla?

Marianna Reali: Racconta di un bambino che ha sogni molto strani.

Nina: E questo fumetto è di grande valore? Quanto costa?

Marianna Reali: Eh…. Non lo so. Non me lo ricordo.

Nina: Come fai a non ricordarlo? Hai comprato questo fumetto molto tempo fa?

Marianna Reali: È ora di tornare da mio padre adesso.

Lessico

la scatola di metallo metal box
prezioso precious / valued
si intitola it's called [for things that have a title]
i sogni dreams
di cosa parla? what's it about?
non lo so I don't know
è ora it's time

22. CARLO

Lorenzo Reali chiama Carlo, l'addetto alle pulizie della casa. Carlo entra in salotto, dove Alice e Lorenzo stanno prendendo un caffè. Carlo si siede con loro e Alice gli fa delle domande sul furto.

Alice: Signor Carlo, ho sentito che lei è pugliese....

Carlo: Sì, sono di Bari!

Alice: Come mio padre. Anche lui è di Bari.

Carlo: Che bello! Quindi conosci sicuramente la città.

Alice: Sì, abbastanza. Possiamo parlare del giorno del furto? È successo qualcosa di strano quel giorno?

Carlo: È stato ieri, no?

Alice: Sì, è stato ieri, sabato.

Carlo: Tutto come sempre, non è successo niente di strano.... Tranne una cosa.

Alice: Che cosa?

Carlo: Mentre pulivo il piano terra, ho sentito qualcuno che apriva l'armadio dei cappotti.

Alice: E perché è una cosa strana?

Carlo: Perché ieri faceva molto caldo! Chi ha bisogno di un cappotto quando fa così caldo?

Alice: A che ora è successo questo?

Carlo: Alle dieci e mezza di mattina....

Lessico

si siede he/she sits down (from the verb *sedersi*)
tranne except
pulire to clean
il piano terra ground floor
l'armadio dei cappotti the jacket closet / wardrobe

23. IL GIARDINIERE

Quando Carlo esce dal salotto, Alice esprime a Lorenzo Reali la sua opinione su Carlo.

Alice: Mi sembra una brava persona! E mi sembra una persona molto intelligente.

Lorenzo Reali: Sì, è un brav'uomo. E sì, è anche molto sveglio.

Alice: Lei ha preso qualcosa dall'armadio dei cappotti ieri?

Lorenzo Reali: No, niente.

Alice: Adesso vorrei sapere chi è il giardiniere. Come si chiama? Di dov'è?

Lorenzo Reali: Il giardiniere si chiama Ferdinando. È un ragazzo veneto. Ha trent'anni. Lavora qui da poco tempo.

Alice: Da quanto tempo lavora qui esattamente?

Lorenzo Reali: Lavora qui da sei mesi. È un bravissimo giardiniere. Si prende ottima cura delle piante. Si vede che ama il suo lavoro.

Alice: Crede che il giardiniere possa essere il ladro?

Lorenzo Reali: Non credo. Non ho dubbi su di lui. Mi sembra un bravo ragazzo. Per di più, non entra quasi mai in casa.

Alice: Perfetto. Forse potrà dirci qualcosa di importante sul furto.

Lorenzo Reali: Speriamo! Vado a chiamarlo.

Lessico

è sveglio cunning
veneto from the region of Veneto
da poco tempo for a short time / not long ago
prendersi cura to take care
le piante plants
i dubbi doubts
quasi mai almost never
speriamo! hopefully / let's hope so

24. FERDINANDO

Il giardiniere di casa, Ferdinando, entra in salotto. Alice gli fa diverse domande sul giorno del furto. Ferdinando è un ragazzo molto alto e magro, con i capelli castani. Porta gli occhiali: sono rotti e sono tenuti insieme con un pezzo di nastro adesivo.

Alice: Ciao, Ferdinando.

Ferdinando: Salve!

Alice: Mi chiamo Alice. Sto investigando il furto dei disegni. Posso farti qualche domanda?

Ferdinando: Certo! Non c'è nessun problema. Sei della polizia?

Alice: No, non sono della polizia. Sto semplicemente aiutando il signor Reali.

Ferdinando: OK, mi fa piacere. Come posso aiutarti?

Alice: Vorrei solo sapere se il giorno del furto, ieri, è successo qualcosa di insolito in casa.

Ferdinando: Mmm…. Sì, credo di aver visto qualcosa di strano ieri… Però non ne sono sicuro.

Alice: Perché non ne sei sicuro?

Ferdinando: Vedi i miei occhiali? Sono rotti! Si sono rotti ieri mattina mentre lavoravo. Quindi non ho potuto vedere bene.

Alice: Cosa hai visto?

Ferdinando: Faceva molto caldo. Era una giornata di sole. Eppure, verso le 10:30 di mattina mi sembra di aver visto qualcuno uscire di casa con un grande cappotto e un cappello.

Alice: Un cappello?!

Ferdinando: Sì, non vedevo molto bene, ma ne sono quasi sicuro.

Lessico

magro thin
i capelli castani brown hair
gli occhiali eye glasses
rotto broken
un pezzo di nastro adesivo a piece of tape
semplicemnte simply
come posso aiutarti? How can I help you?
insolito unusual
lavorare to work
non ho potuto I couldn't (from the verb potere)

25. IL PRIMO SOSPETTO

Ferdinando esce dalla stanza e Alice dice a Lorenzo quello che pensa della persona col cappotto e il cappello.

Lorenzo Reali: Perché ti stupisce tanto il particolare del cappello?

Alice: Noi abbiamo visto un uomo alto con un cappello vicino alla bancarella del signor Remo Ricci.

Lorenzo Reali: Davvero?

Alice: Sì! Lei conosce un uomo alto che va sempre in giro con un cappello?

Lorenzo Reali: Mmm... No, non conosco nessuno così. Aspetta! Ora ricordo! Ieri c'era un uomo alto e con un cappello vicino alla villa. Mi sembrava un giornalista... Secondo te è il ladro?

Alice: Non lo so. Però abbiamo visto un uomo alto con un cappello al mercato proprio prima del furto alla bancarella del signor Remo Ricci.

Lorenzo Reali: Magari è lui il ladro!

Alice: Sì, potrebbe essere.

Lessico

stupire to surprise
davvero? really / seriously
però but/though
proprio just/right
magari perhaps

26. I CUOCHI

Successivamente, Lorenzo Reali chiama i due cuochi, Marta e Gianni, che sono marito e moglie. Entrambi hanno circa 60 anni. Lavorano con la famiglia di Lorenzo Reali da quando erano giovani. Vogliono molto bene a Lorenzo. Per loro è come un figlio.

Marta: Buon pomeriggio, signorina.

Alice: Salve! È un piacere conoscervi.

Gianni: Il piacere è nostro.

Alice: Vorrei sapere se ieri, il giorno del furto, avete notato qualcosa di strano, qualcosa fuori dal normale.

Marta: Mmm.... Mi pare di no. Tutto è stato come sempre. Tu che dici, Gianni?

Gianni: È stato un giorno molto tranquillo. Non abbiamo cucinato niente fino alla sera.

Alice: Non ha mangiato nessuno durante il giorno?

Lorenzo Reali: Io non ho pranzato perché non ero a casa. Ero a trovare degli amici.

Alice: E Marianna?

Marta: Ho parlato con Marianna a mezzogiorno, alle dodici. Non voleva mangiare. Era tutta emozionata per una nuova storia a fumetti.... Quella bambina adora i suoi fumetti! Mi ricorda suo padre con la sua collezione di opere d'arte.

Alice: Va bene. Un'ultima domanda: è la prima volta che spariscono delle cose dalla casa?

Marta: No, purtroppo no! Ultimamente spariscono cose continuamente. Una settimana fa è sparita una bellissima saliera d'argento molto preziosa....

Lessico

come as
signorina Miss
qualcosa fuori dal normale something out of the ordinary
emozionata excited
purtroppo unfortunately
ultimamente lately
la saliera d'argento silver salt shaker

27. LA DISCUSSIONE

Quando Marta e Gianni escono dalla stanza, Alice fa alcune domande a Lorenzo Reali.

Alice: Marta e Gianni sono una bella coppia.

Lorenzo Reali: Sì, sono parte della famiglia. Gli voglio molto bene.

Alice: Marianna salta spesso il pranzo?

Lorenzo Reali: Qualche volta non ha fame, specialmente quando ha una nuova storia a fumetti.

Alice: Le compra Lei i fumetti?

Lorenzo Reali: Sì, litighiamo spesso per questo.

Alice: Perché?

Lorenzo Reali: Perché vuole sempre fumetti molto costosi. Spende un sacco di soldi per i fumetti. Deve essere più oculata. So che la sua collezione è importante per lei, però è solo una bambina. Non dovrebbe sprecare così tanti soldi per i fumetti.

Alice: Lei discute spesso con sua figlia per questo?

Lorenzo Reali: Sì, abbiamo avuto una gran discussione un paio di giorni fa per un fumetto molto caro che voleva comprare. Mi sembravano troppi soldi per un fumetto!

Lessico

volere bene to love someone [non-romantic love]
saltare il pranzo to skip lunch
litigare to fight / to argue
oculata cautious with money
sprecare to waste
discutere to argue / to discuss

28. LA TATA

A seguire, Lorenzo Reali chiama la tata, Adele. È una ragazza di vent'anni. Ha i capelli neri e ricci, la pelle scura e gli occhi verdi.

Alice: Ciao Adele, tu sei la babysitter di Marianna?

Adele: Ciao! Sì, sono la sua tata.

Alice: Passi tutto il giorno con lei?

Adele: In estate di solito sto tutto il giorno con lei. Durante il resto dell'anno, lei passa gran parte della giornata a scuola. Quando lei è a scuola, io vado all'università. Studio pedagogia, un giorno vorrei diventare maestra di tanti bambini come Marianna!

Alice: Sembra molto bello. E i fine settimana?

Adele: Nei fine settimana Marianna di solito rimane nella sua camera. Non vuole mai uscire.

Alice: Che fa lì?

Adele: Legge i suoi fumetti. Ama quelle storie più di qualsiasi altra cosa.

Alice: Ieri è successo qualcosa di strano?

Adele: Non lo so. Ieri sono stata tutto il giorno fuori casa. Sono andata a trovare i miei genitori a Pescara.

Lessico

ricci curly
la pelle scura she has dark skin
di solito usually
la pedagogia pedagogy / education
diventare to become
rimanere to stay
la camera bedroom
sono andata a trovare I went to visit

29. L'ADDETTO ALLA SICUREZZA

Dopo che Adele è uscita dal salotto, Alice fa alcune domande a Lorenzo.

Alice: Adele sembra una brava babysitter. Marianna rimane spesso sola in casa, come ieri?

Lorenzo Reali: Sì. Non succede spesso, però può capitare. Marianna è già abbastanza grande. Può rimanere da sola. Inoltre, c'è sempre il nostro addetto alla sicurezza in casa, oltre a Marta, Gianni e gli altri.

Alice: Chi è l'addetto alla sicurezza? Come si chiama? Di dov'è?

Lorenzo Reali: L'addetto alla sicurezza si chiama Daniel. È spagnolo ma parla molto bene italiano.

Alice: Quanti anni ha?

Lorenzo Reali: Ha circa quarant'anni.

Alice: Lavora qui da tanto?

Lorenzo Reali: Sì, lavora qui da cinque anni.

Alice: È bravo nel suo lavoro?

Lorenzo Reali: Sì, Daniel è molto bravo nel suo lavoro. Controlla principalmente le telecamere di sicurezza. Non c'è mai stato un furto in questa casa… fino a ieri!

Lessico

spesso often
può capitare it can happen
da solo/a by himself/herself
inoltre moreover
principalmente mainly
fino a until

30. DANIEL

Lorenzo chiama Daniel, l'addetto alla sicurezza. Alice vuole fagli alcune domande.

Alice: Ciao! Se non ti dispiace, ho alcune domande da farti sulla giornata di ieri.

Daniel: Certo. Nessun disturbo.

Alice: Prima di tutto, è successo qualcosa di strano ieri?

Daniel: Non mi ricordo niente di strano ieri. Ho osservato le telecamere tutto il giorno. E le registrazioni, ma non ho visto niente di particolare. Non sono entrati estranei in casa.

Alice: Qualcun'altro ha le chiavi di casa, oltre alle persone che lavorano qui?

Daniel: No, solo noi che lavoriamo qui abbiamo le chiavi di casa, oltre al signor Lorenzo e alla figlia, ovviamente.

Alice: Capisco. Sarebbe possibile vedere le registrazioni delle telecamere di sicurezza?

Daniel: Certamente! Vado a prendere il tablet dove è salvato tutto.

Lessico

se non ti dispiace if you don't mind
nessun disturbo no problem at all
le telecamere cameras
le registrazioni recordings / videos
gli estranei strangers
certamente of course

31. LE REGISTRAZIONI

Daniel va a prendere il tablet con le registrazioni delle telecamere di sicurezza. Lì è possibile vedere tutte le persone che entrano ed escono dalla casa.

Alice: Esce di casa qualcuno il venerdì sera?

Daniel: No, nessuno esce di casa prima di sabato mattina.

Alice: Chi è la prima persona a uscire di casa sabato?

Daniel: La prima a uscire è Adele. Eccola qua. Esce di casa alle 9 di mattina.

Alice: Andava a trovare i suoi genitori a Pescara.

Daniel: Dopo, alle 10, esce il signor Lorenzo.

Alice: Andava a trovare degli amici.

Lorenzo Reali: Esatto!

Daniel: Dopo, alle dieci e mezza, esce Carlo. Non si vede bene la sua faccia, però quello è il suo cappotto e il suo cappello... anche se non so perché indossava il cappotto. Faceva molto caldo.

Alice: Quello non è Carlo! Lui era in casa, a pulire.

Daniel: È sicuro? Aspetta.... Possiamo controllare le telecamere del piano terra. Ah già! Ecco lì Carlo, che pulisce.

Lorenzo Reali: Allora chi è quella persona che esce di casa con il cappello?

Alice: È una persona che non voleva essere ripresa dalle telecamere!

Lessico

eccola qua here she is
indossare to wear
ah già! Oh that's right!
allora then
non voleva essere ripresa doesn't want to be recorded

32. LA PERSONA DELLE REGISTRAZIONI

Alice, Daniel e Lorenzo Reali guardano le registrazioni delle telecamere di sicurezza del giorno prima. C'è una persona che esce di casa indossando un cappotto e un cappello. Non si vede in volto.

Alice: Continuiamo. Qualcun altro esce di casa?

Daniel: No. Un po' più tardi, alle 11, la persona con il cappello torna a casa. È qualcuno che vive qui! Ha la chiave.

Alice: Così sembra. Dopo chi entra?

Daniel: Intorno alle due del pomeriggio torna il signor Lorenzo, e verso le cinque del pomeriggio ritorna Adele.

Alice: Lorenzo, a che ora si è accorto che i disegni non erano al loro posto?

Lorenzo Reali: Verso le sei del pomeriggio. Tutte le sere controllo la mia collezione a quell'ora. Ho subito notato qualcosa di strano. Mancavano i disegni di Luca Giordano!

Daniel: Alle sei e mezza poi, secondo le registrazioni, arriva la polizia a casa.

Alice: Guardate! Lì con la polizia.... C'è un uomo col cappello!

Lessico

continuiamo let's keep going
un po' più tardi a little bit later
intorno around
verso towards/around
si è accorto he/she realized
mancare to be missing
Guardate! Look!

33. DUE CAPPELLI

Alice, Daniel e Lorenzo Reali continuano a guardare le registrazioni delle telecamere di sicurezza del giorno precedente. Si chiedono chi sia l'uomo con il cappello che è con la polizia.

Lorenzo Reali: Alice, credi che sia la stessa persona che è uscita di casa?

Alice: Non credo. Questa persona era fuori. L'altra si trovava già dentro. Non possono essere la stessa persona.

Lorenzo Reali: Credi che ci siano due persone col cappello, allora?

Alice: Sì, è possibile. Guardi le registrazioni: l'uomo con il cappello sta parlando con la polizia.

Lorenzo Reali: Forse è un investigatore. Credi che sia un investigatore?

Alice: Sì, è possibile. Assomiglia molto all'uomo col cappello che si trovava alla bancarella del signor Remo Ricci quella mattina.... Credo che sia la stessa persona.

Lessico

continuare a guardare to keep watching
chiedersi to ask oneself / to wonder
non credo I don't think so
fuori outside
dentro inside
assomigliare to look alike

34. LE CONCLUSIONI

Quando Daniel va via, Lorenzo e Alice riflettono su quello che hanno scoperto fino a quel momento.

Alice: Allora, cosa sappiamo al momento?

Lorenzo Reali: Prima di tutto sappiamo che i disegni sono spariti sabato mattina.

Alice: Nina ed io abbiamo visto i disegni nella bancarella del signor Remo Ricci il sabato alle 11 e mezza, più o meno.

Lorenzo Reali: Il mercato Anticaglie è vicino. La persona che ha preso i disegni ha potuto portarli, venderli alla bancarella e tornare a casa in pochi minuti.

Alice: Solo tre persone sono uscite di casa sabato prima delle 11: lei, Adele e la misteriosa persona col cappotto e il cappello.

Lorenzo Reali: Questa persona ha preso il cappotto e il cappello di Carlo dall'armadio per uscire di casa e non è stato possibile vedere il suo volto dalle immagini delle telecamere.

Lessico

va via to leave (from *andare via*)
riflettere to reflect on
quello che hanno scoperto what they have discovered
misteriosa mysterious
il volto face

35. IL RITORNO IN SALOTTO DI NINA E MARIANNA REALI

Si apre la porta del salotto. Sono Marianna e Nina.

Lorenzo Reali: Ciao teosoro. Hai fatto vedere la tua collezione di fumetti a Nina?

Marianna Reali: Sì, papà.

Nina: Marianna ha una collezione stupenda... Davvero completa.

Alice: Marianna, posso farti una domanda?

Marianna Reali: Sì.

Lorenzo Reali: Fa' pure, non c'è problema.

Alice: Ieri sei mai uscita di casa?

Marianna Reali: No, non sono uscita di casa per niente.

Alice: Va bene. E hai sentito qualcuno nell'armadio dei cappotti?

Marianna Reali: Mmm…. Sì! La mattina, mi sembra di aver sentito qualcuno che apriva l'armadio e prendeva qualcosa.

Alice: Fantastico! Molto bene. Grazie, Marianna.

Lessico

fa' pure go ahead
mai ever
per niente at all
hai sentito have you heard
qualcosa something

36. LA PROMESSA

Prima di tornare in albergo, Nina e Alice si alzano e salutano.

Lorenzo Reali: Ragazze, siete davvero fantastiche. Spero che troveremo presto il ladro. Quelle opere sono di grande valore. Valgono migliaia di euro. Inoltre, sono molto importanti per me. Io amo quelle opere. Sono il mio tesoro più prezioso.

Nina: Per noi è un piacere aiutarla. Grazie per averci permesso di partecipare all'investigazione. Anche per me l'arte è molto importante.

Alice: Le promettiamo che faremo tutto il possibile per ritrovare i suoi disegni rubati, signor Reali.

Lorenzo Reali: Se ci riuscirete, vi darò una generosa ricompensa.

Alice: Non è necessario. Non lo facciamo per i soldi.

Nina: Arrivederci, signor Reali. Rimarremo in contatto con lei. Se ci sono novità, la avvisiamo.

Lorenzo Reali: Ciao, ragazze.

Lessico

si alzano to stand up
il tesoro treasure
permettere to let / to allow
le promettiamo we promise you (from the verb *promettere*)
rimanere in contatto we'll be in touch
le novità news / updates

37. ALICE RACCONTA A NINA QUELLO CHE SA

Quando escono dalla villa, Alice racconta a Nina tutto quello che ha scoperto.

Alice: Ho parlato con tutti i dipendenti della casa.

Nina: Con tutti?! Chi sono esattamente?

Alice: Sono sei: Carlo, l'addetto alle pulizie; Ferdinando, il giardiniere; Marta e Gianni, i cuochi; Adele, la babysitter; e Daniel, l'incaricato alla sicurezza.

Nina: OK. Qualcuno ti sembra sospetto?

Alice: No, in realtà nessuno mi sembra sospetto. Sono tutte brave persone. Hanno risposto a tutte le mie domande.

Nina: Che cosa ti hanno detto?

Alice: Dalle immagini delle telecamere di sicurezza abbiamo capito che il ladro è qualcuno della casa. Da casa escono solo tre persone sabato: Lorenzo Reali, la tata e una persona coperta con un cappotto e un cappello.

Nina: L'uomo col cappello della bancarella?

Alice: Sembra di no. È qualcuno della casa che ha preso un cappotto e un cappello dall'armadio. Carlo e Marianna lo confermano: qualcuno ha aperto l'armadio dei cappotti. Lo hanno sentito.

Nina: Sai già parecchio sul caso. Sei una brava detective.

Alice: Grazie. Tu che cos'hai trovato?

Lessico

rispondere to answer
abbiamo capito we understood (from the verb *capire*)
coperta covered (from the verb *coprire*)
parecchio quite a lot
trovare to find

38. NINA RACCONTA AD ALICE QUELLO CHE SA

Nina e Alice continuano a scambiarsi informazioni su quello che hanno scoperto. Stanno camminando sul marciapiede, fuori dalla villa di Lorenzo Reali.

Nina: La collezione di fumetti di Marianna è enorme. Si vede che ama molto le sue storie a fumetti, proprio come suo padre ama le opere d'arte di Giordano.

Alice: Non credi che Marianna si comporti in maniera un po' strana?

Nina: Sì, sono d'accordo. È sembrato anche a me. Quando le ho chiesto il prezzo di uno dei suoi fumetti, non era per niente a suo agio. Sospetti di lei?

Alice: Non lo so. Sembra sapere delle cose che non vuole dire.

Nina: Perché hai l'impressione che non ci dica tutto quello che sa?

Alice: Forse sta proteggendo qualcuno.

Nina: Chi? Il ladro?

Alice: Certo. E il ladro è una delle tre persone che si vedono nelle telecamere: la persona misteriosa, la tata e il padre!

il marciapiede sidewalk
comportarsi in maniera strana to behave in a strange way
sono d'accordo I agree
non essere a proprio agio to feel uncomfortable
proteggere to protect

39. ECCOLO LÌ DI NUOVO!

Quando le ragazze stanno andando via dalla villa Reali, Nina non riesce a credere ai suoi occhi....

Nina: Alice, guarda! È l'uomo col cappello! È lo stesso uomo della bancarella di Remo Ricci.

Alice: È vero! È lui! Nelle registrazioni quell'uomo era con la polizia. Forse è un investigatore.

Nina: A me sembra un tipo molto sospetto. Che ci fa qui?

Alice: Non lo so, però voglio scoprirlo. Andiamo a parlare con lui.

Nina: Sei pazza, Alice?

Alice: Forza! Se ne sta andando! Andiamo!

Nina: Non ci sono dubbi, sei pazza....

Alice: Anche lui sta correndo. Credo che ci abbia viste! Sta scappando da noi.

Nina: Sta andando al mercato Anticaglie a Ponte Milvio. Lì ci sono un sacco di bancarelle e di persone. Sarà difficile ritrovarlo lì in mezzo....

Lessico

forza! come on!
andiamo! Let's go!
sei pazza you're crazy
scappare to escape
ritrovare to find again

40. INSEGUIMENTO DELL'UOMO COL CAPPELLO

Al mercato Anticaglie Nina e Alice inseguono l'uomo con il cappello. L'uomo cammina velocemente tra le persone e le bancarelle.

Nina: Non lo vedo. Tu lo vedi?

Alice: No. L'ho perso. Ho un'idea! Andiamo sul terrazzo di quel bar. Da lassù potremo vedere meglio.

Nina: Sei sicura? Mi sembra una follia….

Alice: Sì, andiamo.

Nina: Avevi ragione! Da quassù si vede bene tutto il mercato.

Alice: Guarda, è lì!

Nina: Sta entrando in quel vicolo.

Alice: Andiamogli dietro!

Lessico

inseguire to pursue
le bancarelle stalls / stands
l'ho perso I've lost him
lassù up there
follia madness / crazy
il vicolo alleyway

41. IL VICOLO

Alice e Nina seguono l'uomo col cappello in un vicolo del mercato Anticaglie. Nel vicolo ci sono tre bancarelle e non sanno dove l'uomo sia andato esattamente. C'è una bancarella di orologi, un'altra di mobili e la terza è una bancarella di libri d'arte.

Nina: Dov'è secondo te?

Alice: Sicuramente è in una di queste tre bancarelle. Non sono sicura di quale esattamente.

Nina: Pensi che sia alla bancarella di orologi?

Alice: No, non penso che sia alla bancarella di orologi.

Nina: Forse è alla bancarella di mobili antichi....

Alice: Non credo sia nemmeno lì.

Nina: Quindi deve essere alla bancarella dei libri.

Alice: Sì... mi sembra più probabile.

Nina: Andiamo a vedere se è lì?

Alice: Sì, andiamo a prenderlo!

Lessico

i mobili furniture
nemmeno not even
quindi therefore, so
andiamo a prenderlo! let's go get him

42. LA BANCARELLA DEI LIBRI D'ARTE

Nina e Alice si avvicinano alla bancarella dei libri d'arte e tra i vari scaffali trovano l'uomo con il cappello seduto a un tavolo che legge un libro. Sembra essere lì ad aspettarle.

Alice: Eccolo qua!

Uomo col cappello: Alice, Nina, vi aspettavo.

Nina: Come fa a sapere i nostri nomi?!

Uomo col cappello: So molte cose....

Alice: Qual è il suo nome?

Uomo col cappello: Non posso dire il mio nome a nessuno.

Alice: Possiamo sederci?

Uomo col cappello: Sì, certo! Accomodatevi. Abbiamo molto di cui parlare.

Alice: Ci sta seguendo?

Uomo col cappello: Al contrario, credo che voi mi stiate seguendo.

Alice: Beh.... Certo. Però solo perché lei si trova sempre dove accadono cose strane.

Uomo col cappello: Cose strane? Tipo?

Alice: Cose come il furto dei disegni di Luca Giordano dalla casa di Lorenzo Reali. O come il furto di quei disegni dalla bancarella di Remo Ricci....

Lessico

avvicinarsi to get close by
aspettare to wait
accomodatevi take a seat
seguire to follow
tipo? like what

43. FACCIA A FACCIA CON L'UOMO COL CAPPELLO

Finalmente, Nina e Alice parlano faccia a faccia con l'uomo col cappello alla bancarella dei libri d'arte del mercato Anticaglie.

Uomo col cappello: Quindi mi avete visto quel giorno alla bancarella di Remo Ricci!

Alice: Sì, l'abbiamo vista là. Dopo l'abbiamo vista andar via.

Uomo col cappello: Molto bene. Vedo che siete delle ottime osservatrici.

Alice: L'abbiamo vista anche nella casa di Lorenzo Reali il giorno del furto.

Uomo col cappello: Davvero? Come?

Alice: Nelle immagini delle telecamere di sicurezza. Nelle registrazioni lei era con la polizia.

Uomo col cappello: Sì, certo! È vero! Siete davvero delle ottime osservatrici!

Nina: Lei ha qualcosa a che vedere con il furto, signore?

Uomo col cappello: Io non sono il ladro, questo è sicuro.

Nina: Lei è della polizia?

Uomo col cappello: No, non sono della polizia.

Nina: Allora è un detective?

Uomo col cappello: No, non esattamente.

Alice: Allora, chi è?

Lessico

finalmente finally, at last
faccia a faccia face to face
osservatrici observer
qualcosa a che vedere con to have something to do with
allora then

44. IL CLUB DEGLI STORICI

L'uomo col cappello racconta a Nina e Alice di far parte di un gruppo di esperti investigatori che risolvono misteri in tutto il mondo.

Uomo col cappello: Sono un investigatore.

Nina: E cosa investiga? Crimini? Furti?

Uomo col cappello: Non esattamente. Faccio parte di una squadra di un'organizzazione....

Alice: Un'organizzazione segreta?

Uomo col cappello: Sì, è un'organizzazione segreta. Ci chiamiamo Il Club degli storici.

Alice: E che fate?

Uomo col cappello: Risolviamo misteri.

Nina: Risolvete tutti i tipi di misteri?

Uomo col cappello: No, risolviamo solo misteri che riguardano la storia dell'arte, l'archeologia e l'architettura.

Nina: Come il furto dei disegni di Luca Giordano!

Uomo col cappello: Esattamente!

Lessico

la squadra team
risolvere to solve
che riguardano related to
l'archeologia archaeology
l'architettura architecture

45. COSA FACEVA L'UOMO COL CAPPELLO AL MERCATO

Nina e Alice condividono quello che sanno sul caso con l'uomo col cappello.

Alice: Dunque, lei cosa sa sul caso?

Uomo col cappello: Prima vorrei sapere quello che sapete voi.

Alice: Va bene.... Innanzitutto, sappiamo che qualcuno ha rubato i disegni di Giordano dalla casa di Lorenzo Reali il sabato.

Uomo col cappello: A che ora?

Alice: Prima delle 11:30.

Uomo col cappello: Perché?

Alice: Perché alle 11:30 circa, abbiamo visto i disegni nella bancarella di Remo Ricci.

Uomo col cappello: Molto bene! Sì, lo so. Anch'io ero lì....

Nina: Che cosa faceva lì?

Uomo col cappello: A dire la verità stavo indagando su altre opere d'arte rubate. Ce ne sono molte al mercato Anticaglie. Volevo vedere chi va a vendere le opere nelle bancarelle, per incastrare così qualche ladro di opere d'arte.

Nina: Quindi ha sentito la nostra conversazione solo per caso?

Uomo col cappello: Sì! Però ho capito subito che qualcosa non andava....

Lessico

dunque so, well
innanzitutto first of all
anch'io me too
a dire la verità actually, to tell the truth
indagare to investigate
per caso by chance
qualcosa non andava something was wrong

46. COSA HA FATTO DOPO L'UOMO COL CAPPELLO

L'uomo col cappello dice a Nina e ad Alice che cosa ha fatto il giorno del furto.

Uomo col cappello: Ieri, alla bancarella di Remo Ricci, ho ascoltato la vostra conversazione sui disegni di Giordano. Poi, sono andato a indagare in quali musei e collezioni private della città si trovano i disegni originali di Giordano. Sono rimasto sorpreso! C'era una collezione privata con un parecchie opere di Giordano proprio di fronte al mercato Anticaglie.

Nina: La collezione nella villa di Lorenzo Reali!

Uomo col cappello: Esatto! Sono rimasto vicino alla villa finché non è arrivata la polizia.

Alice: La polizia sa qualcosa?

Uomo col cappello: No, non hanno idea di chi sia stato. Voi chi pensate che sia il ladro?

Alice: Non dimenticare che possono esserci due ladri! Qualcuno ha preso i disegni dalla casa... Però dopo qualcun altro li ha rubati dalla bancarella del signor Remo.

Uomo col cappello: Esatto! Sei molto astuta, Alice.

Lessico

sono rimasto sorpreso! I was surprised!
non dimenticare don't forget
prendere to take
astuta cunning, astute

47. I SOSPETTI

L'uomo col cappello parla con Nina e Alice sui sospetti del caso.

Uomo col cappello: Se davvero ci sono due ladri, credo che dovremmo pensare al primo ladro.

Alice: Siamo quasi certe che il primo ladro sia qualcuno della casa. Dalle telecamere di sicurezza si vede che quel giorno sono usciti di casa Lorenzo Reali, la babysitter e qualcun altro....

Uomo col cappello: Qualcun altro?

Alice: Sì, qualcuno che si è coperto con un cappotto e un cappello. Il volto non si vede dalle registrazioni.

Uomo col cappello: È un uomo o una donna?

Alice: Non lo sappiamo!

Uomo col cappello: A che ora è uscita quella persona di casa?

Alice: Alle 10 e mezza.

Uomo col cappello: E dopo ritorna?

Alice: Sì, rientra alle 11.

Uomo col cappello: Quindi è sicuro che il primo ladro sia qualcuno della casa!

Alice: Sì, però chi?

Lessico

dovremmo pensare we should think
si è coperto covered himself/herself
rientra to return, to reenter (from the verb rientrare)

48. L'UOMO COL CAPPELLO SPARISCE

Alla bancarella dei libri d'arte Nina e Alice parlano con l'uomo col cappello. Tuttavia, mentre stanno parlando con lui, un forte rumore distrae Nina e Alice che si girano a guardare. Dei libri sono caduti da uno scaffale dietro di loro. Quando si girano di nuovo, l'uomo col cappello è sparito!

Nina: Dov'è andato l'uomo col cappello? Un momento fa era qui.

Alice: Sparito! Come per magia!

Nina: E chi ha fatto cadere quei libri dietro di noi? Mi sono spaventata....

Alice: Non lo so. Forse qualcuno ci stava spiando da dietro lo scaffale.

Nina: Che paura!

Alice: Sì, questo caso è molto strano. Guarda questo....

Nina: Il libro che stava leggendo l'uomo col cappello quando siamo arrivate? Che ha di speciale?

Alice: Non è un libro qualsiasi, è un fumetto!

Lessico

tuttavia however
il rumore noise
distrae distracts (from the verb *distrarre*)
girarsi to turn around
cadere to fall
dietro di noi behind us
spaventarsi to be frightened / scared
spiare to spy
la paura fear

49. ADELE AL MERCATO

Nina e Alice si allontanano dalla bancarella dei libri.

Nina: Ci andiamo a riposare un po'? Si sta facendo tardi. Forse potremmo continuare a indagare domani mattina.

Alice: Sì, la vita da detective è estenuante!

Nina: Ehi, guarda chi c'è là!

Alice: È Adele, la tata di Marianna Reali.

Nina: È vero! Secondo te viene spesso al mercato?

Alice: Mmm…. Non lo so, andiamo a chiedere. Mi scusi signore, ha mai visto prima quella ragazza che era qui poco fa?

Venditore: Adele? Sì, certo, viene sempre.

Alice: Compra molte opere antiche?

Venditore: Ma… per la verità direi di no. Non le ho mai visto comprare nulla.

Alice: Grazie, signore.

Nina: È una cosa strana, non credi?

Alice: Sì, mi sembra una cosa abbastanza strana.

Lessico

riposare to rest
si sta facendo tardi it's getting late
estenuante exhausting
ha mai visto prima have you ever seen before
sempre always
abbastanza quite / enough

50. DI NUOVO ALLA BANCARELLA DI REMO RICCI

Nina e Alice sono molto sorprese di vedere Adele al mercatino di antiquariato Anticaglie.

Nina: Forse Adele viene solo perché le piacciono le opere antiche.

Alice: Sì, certo. Questo non significa che è lei il ladro.

Nina: Inoltre, Remo Ricci ha detto che chi gli ha portato i disegni era un uomo....

Alice: Ma certo! Potremmo andare a chiedere a lui prima di tornare in albergo.... Se non ti dispiace.

Nina: Certo che no! Sono stanca, però non cambia niente se facciamo una piccola deviazione.... Già che siamo qui!

Alice: Sei mitica, Nina! Grazie.

Nina: Non c'è di che, Alice. È un piacere investigare questo mistero insieme a te. Andiamo!

Alice: Guarda, la bancarella è ancora tutta sottosopra. Lì c'è il signor Remo Ricci, andiamo?

Nina: Sì, certo!

Remo Ricci: Ciao, ragazze! Come state?

Alice: Molto bene, signore. Non vogliamo disturbarla. Vorremmo solo farle ancora una domanda sulla persona che ieri le ha portato i disegni del Giordano.

Remo Ricci: Ah, sì, quella misteriosa ragazza....

Alice: Ragazza?! Ma ci aveva detto che era un uomo!

Lessico

se non ti dispiace if you don't mind
stanca tired
la deviazione detour
non c'è di che you're welcome (similar to *di niente*)
un piacere a pleasure
disturbare to bother

51. IL RICORDO

Remo Ricci dice per sbaglio che chi gli ha portato i disegni di Luca Giordano alla bancarella era una ragazza, non un uomo.

Nina: Non aveva detto che era stato un uomo a portare i disegni? Un uomo misterioso?

Alice: Si, infatti! Non ha mai nominato una ragazza....

Remo Ricci: È vero... ho detto che era un uomo. Però ora ricordo bene: non è stato un uomo a portarmi i disegni di Giordano. È stata una ragazza!

Alice: Perché non ci ha detto la verità?

Remo Ricci: Ho una pessima memoria.... E non ricordavo bene in quel momento.

Alice: Mmm.... E ora ricorda bene?

Remo Ricci: Sì, ora ricordo. Era una ragazza.

Alice: Per caso era una ragazza coi capelli neri e ricci, e gli occhi verdi?

Remo Ricci: Mmm.... Sì, esattamente! Ora ricordo: era una ragazza coi capelli neri e ricci, con gli occhi verdi.

Lessico

non ha mai nominato you never mentioned
ricordare to remember
la verità the truth
pessimo awful, terrible
no dijo que didn't he say that (from the verb *decir*)
la memoria memory

52. NINA E ALICE NON CREDONO AL SIGNOR REMO RICCI

Nina e Alice lasciano la bancarella di Remo Ricci e noleggiano delle biciclette per tornare in albergo. Mentre pedalano verso l'hotel, si scambiano i loro dubbi.

Alice: C'è qualcosa di strano nel comportamento del signor Remo Ricci, non trovi?

Nina: Sì, sono d'accordo.

Alice: Per me non è completamente sincero con noi.

Nina: Credi che il signor Remo Ricci stia mentendo?

Alice: Sì, credo che probabilmente stia mentendo.

Nina: Secondo te è lui il ladro?

Alice: No, non penso che sia lui il ladro. Il ladro... o la ladra deve essere qualcuno che vive nella casa. Non può essere lui.

Nina: Però potrebbe essere che il signor Remo Ricci sia d'accordo con qualcuno della casa.

Alice: Sì, però perché mettere in vendita le opere di Giordano a un prezzo così basso?

Nina: È vero. Comunque, secondo me, nasconde qualcosa.

Alice: Lo penso anch'io! È molto sospetto il suo modo di comportarsi.

Nina: Però al momento tutto fa pensare che la ladra sia Adele....

Alice: Sì, dobbiamo trovare un modo per verificarlo.

Lessico

noleggiare to rent (transportation)
pedalare to cycle / to pedal
scambiarsi to exchange with one another
il comportamento behaviour
non trovi? don't you think? (from the verb *trovare*)
completamente completely / totally
sincero sincere / honest
mentire to lie
nascondere to hide

53. AL RISTORANTE

La sera Nina e Alice vanno in un ristorante sul Lungotevere.
Lì discutono del caso.

Cameriere: Buona sera, cosa vi posso portare?

Alice: Ho molta fame! Credo che prenderò l'abbacchio allo scottadito.

Nina: Cos'è?

Alice: È un piatto tipico di questa città! Sono costolette d'agnello alla griglia con olio e rosmarino.

Nina: Sembra buono….

Cameriere: Lei, signorina, prende lo stesso?

Nina: No, no! Io non ho tanta fame. Prendo i supplì, mi bastano.

Cameriere: Perfetto, porto tutto subito!

Nina: Grazie mille!

Alice: Bene, ora possiamo riflettere con tranquillità.

Nina: Che hai in mente?

Alice: Allora, sospettiamo che la ladra possa essere Adele, però non ne siamo sicure. C'è una persona misteriosa che esce di casa coperta con un cappotto e un cappello. Quella persona potrebbe essere il ladro.

Nina: Come possiamo dimostrare la colpevolezza o l'innocenza di Adele?

Lessico

avere fame to be hungry
costolette d'agnello alla griglia grilled lamb ribs
i supplì typical Roman deep fried ball of rice and cheese
la mente mind
la colpevolezza guilt / culpability
l'innocenza innocence

54. IL PIANO DI NINA E ALICE

Al ristorante, Nina e Alice cercano un modo per capire se Adele è la ladra dei disegni di Giordano.

Alice: Ho un'idea! È un'idea che normalmente nei libri polizieschi funziona. Domani andiamo alla villa di Lorenzo Reali. Lì, faremo radunare tutti quelli che lavorano nella casa.

Nina: Va bene.... E poi?

Alice: Quando sono tutti nella stessa stanza, gli diremo cosa sappiamo.

Nina: Che cosa sappiamo?

Alice: Prima di tutto, diremo che sappiamo che il ladro è qualcuno della casa. Poi, diremo che il signor Remo Ricci ha ricordato la persona che gli ha portato i disegni di Giordano alla bancarella, e non è un uomo ma una donna....

Nina: Va bene, che altro?

Alice: Diremo che Remo Ricci ricorda perfettamente il volto di quella persona. Dopo diremo che chiameremo Remo Ricci per farci dire chi è il ladro... a meno che la ladra non voglia confessare tutto.

Nina: Credi che funzionerà? E se non funziona?

Alice: Se nessuno dice nulla, chiamiamo il signor Remo Ricci per vedere cosa ci dice….

Cameriere: Ragazze, ecco i vostri piatti. Buon appetito!

Nina e Alice: Grazie!

Lessico

funzionare to work
i libri polizieschi police / crime novels
gli diremo we'll tell them (from the verb *decir*)
prima di tutto first of all
a meno che unless
Buon appetito! Enjoy!

55. DI NUOVO A CASA DI LORENZO REALI

Il giorno dopo, Nina e Alice vanno ancora una volta alla villa del signor Reali.

Lorenzo Reali: Ciao, ragazze! Che piacere rivedervi!

Alice: Salve, signor Reali! Il piacere è nostro.

Lorenzo Reali: Andiamo in salotto?

Nina: Sì!

Alice: Signor Reali, siamo venute perché abbiamo pensato a un piano. Crediamo di aver scoperto chi è il ladro. È qualcuno della casa!

Lorenzo Reali: Sì, lo immaginavo, però chi?

Alice: Il piano serve proprio per confermare se si tratta della persona che pensiamo noi.

Lorenzo Reali: Va bene, che bisogna fare?

Nina: Deve chiamare tutti quelli che lavorano nella casa. Ci riuniremo qui in salotto.

ancora una volta once gain
rivedervi to see you (all) again (from the verb *rivedere*)
immaginare to imagine
ci riuniremo we'll meet (from the verb *riunirsi*)

56. LA PROVA

Carlo (l'addetto alle pulizie), Ferdinando (il giardiniere), Marta e Gianni (i cuochi), Adele (la tata), Daniel (l'addetto alla sicurezza) e Marianna si riuniscono in salotto. Tutti salutano Nina e Alice, e poi si siedono e tutti iniziano a parlare allo stesso tempo.

Marta: Che succede, ragazze? Avete scoperto qualcosa sul furto?

Daniel: Sapete già chi è la persona che è uscita di casa con il cappotto e il cappello?

Carlo: Con il mio cappotto e il mio cappello. Io sabato non sono uscito di casa per niente, tutto il giorno!

Ferdinando: Allora sapete dove si trovano i disegni di Giordano?

Lorenzo Reali: Calma, tranquilli. Le ragazze hanno scoperto qualcosa sul caso. Se facciamo silenzio, ci diranno tutto.

Alice: È così. Sappiamo che il ladro è qualcuno di questa casa.

Gianni: No! È impossibile!

Alice: Sì, è qualcuno qui dentro.... Qualcuno che è in questo salotto!

Carlo: E come lo sapete?

Nina: Il proprietario della bancarella di antiquariato dove sono apparsi i disegni, il signor Remo Ricci, ci ha confessato chi gli ha portato i disegni....

Lessico

salutare to greet
allo stesso tempo at the same time
tranquillo calm / tranquil
fare silenzio to be quiet / silent
apparire to appear

57. IL PIANTO

Non appena Nina dice di sapere chi è il ladro, Marianna Reali scoppia a piangere inconsolabilmente!

Marianna Reali: Lo ammetto! Confesso! Sono stata io!

Tutti: COSA?!

Marianna Reali: Sì, io ho rubato i disegni. E ho preso il cappotto e il cappello di Carlo per non farmi vedere dalle telecamere. Io ho portato i disegni al signor Remo Ricci.

Lorenzo Reali: Marianna, tesoro, ma che dici? Sei tu la ladra?

Marianna Reali: Perdonami, papà! Mi vergogno moltissimo! Non volevo causare tutti questi problemi!

Lorenzo Reali: Ma... perché?

Marianna Reali: Perché.... Sono diversi mesi che io e te litighiamo per questioni di soldi. Io volevo comprare altri fumetti per la mia collezione però tu mi dicevi che non stavi guadagnando abbastanza. Io ho sempre comprato i miei fumetti al mercato Anticaglie. Di solito andavo il pomeriggio con Adele.

Nina: Per questo i commercianti hanno detto di vedere Adele sempre lì, ma che non compra mai nulla.

Lessico

piangere to cry
inconsolabilmente inconsolably
perdonami! forgive me!
vergognarsi to be embarrassed
questioni di matters of
guadagnare to earn
i commercianti merchants, shop keepers

58. LA CONFESSIONE DI MARIANNA

Marianna ha confessato che è stata lei a prendere i disegni di Luca Giordano dalla collezione di suo padre. Sta spiegando a lui, ad Alice e Nina, e a tutti quelli della casa, il motivo per cui l'ha fatto.

Adele: Certo, io la accompagno solo! Non mi interessano le antichità. Lei va sempre a comprare fumetti e io sto nelle vicinanze, guardando vecchie cose in vendita.

Alice: Ma certo! Sapevamo che Adele non era coinvolta con il furto.

Adele: Certo che no! Io non ruberei mai al mio capo. Mi piace il mio lavoro....

Lorenzo Reali: Continua, Marianna.

Marianna Reali: Compravo quasi sempre alla bancarella del signor Remo Ricci, però ogni volta lui alzava i prezzi dei fumetti. Quando gli ho detto che mio padre non voleva più darmi altri soldi, mi ha detto che potevo portargli qualche oggetto di valore di casa....

Alice: Che cosa? Hai rubato a tuo padre perché ti ha detto di farlo il signor Remo Ricci?

Lessico

l'ha fatto she did it (from the verb *fare*)
solo only
nelle vicinanze in the surrounding area
coinvolta/o involved
il capo boss
ogni volta every time
alzare il prezzo to raise the price

59. IL BARATTO

Marianna Reali spiega che aveva bisogno di sempre più soldi per pagare i fumetti della sua collezione. Quando suo padre ha smesso di darle soldi, il signor Remo Ricci le ha detto di portargli in cambio degli oggetti di valore della casa.

Marianna Reali: No! Non è stato per colpa sua. Lui mi ha detto che fa spesso dei baratti con i clienti.

Nina: Baratti?

Marianna Reali: Sì, un baratto: scambia uno dei suoi oggetti di valore in cambio di qualcos'altro di prezioso.

Alice: Quindi hai preso i disegni?

Marianna Reali: No, quello è stato molto dopo. Prima ho cominciato a portargli oggetti piccoli, cose che trovavo per casa.

Alice: Ad esempio?

Marianna Reali: Non so, alcuni libri della biblioteca, un orologio, una vecchia saliera....

Marta: Hai preso tu la saliera d'argento!

Marianna Reali: Mi dispiace tanto! Non sapevo quello che stavo facendo!

Lessico

spiegare to explain
smettere di... to stop doing something
in cambio in exchange
il baratto barter, exchange
scambiare to exchange
mi dispiace tanto I am really sorry

60. LITTLE NEMO

Marianna racconta dei diversi scambi con Remo Ricci. Un giorno è arrivato alla bancarella un fumetto di grande valore e Marianna ha dovuto dare in cambio qualcosa di molto prezioso.

Marianna Reali: Un giorno, poi, hanno portato alla bancarella un fumetto molto speciale....

Nina: *Little Nemo in Slumberland.*

Marianna Reali: Proprio quello. È un'edizione originale, in inglese, firmata dall'autore! Dovevo averla a tutti i costi. Il signor Remo aveva messo da parte il fumetto proprio per me.

Lorenzo Reali: È stato quando mi hai chiesto cento euro per comprare un fumetto?

Marianna Reali: Sì! Però, ovviamente, tu non mi hai dato i soldi. Io ero molto arrabbiata. Per me era molto importante avere quel fumetto.

Alice: Quindi, cosa è successo?

Marianna Reali: Ho portato diverse cose alla bancarella per il baratto, ma per il signor Remo non erano abbastanza. Diceva che dovevo portargli qualcosa di maggior valore. Allora ho pensato di prendere qualcosa dalla collezione d'arte di mio padre....

Lessico

diversi several
proprio quello exactly that one
firmata signed
dovevo averla a tutti i costi I had to have it no matter what
mettere da parte to set aside
mi hai chiesto you asked me (from the verb *chiedere*)
essere arrabbiato to be angry
maggior valore more valuable

61. IL PENTIMENTO DI MARIANNA

Marianna racconta dettagliatamente come ha preso le opere dalla collezione d'arte di suo padre.

Lorenzo Reali: Non ci posso credere!

Marianna Reali: Perdonami, papà! Sono molto pentita. Quel giorno, la mattina, non era qui. Dopo anche tu sei uscito. Così ne ho approfittato: ho preso la mia copia della chiave della stanza della collezione d'arte e ho aperto la porta. Poi ho preso i disegni perché sapevo che erano di valore, ma non sapevo esattamente il loro valore. Ho addirittura pensato che magari non l'avresti notato, visto che ne hai così tanti....

Lorenzo Reali: Certo che l'ho notato! L'ho notato immediatamente. Quei disegni valgono migliaia di euro. Sono pezzi di valore della mia collezione!

Marianna Reali: Ora lo so! Prima non sapevo il loro vero valore.... Siccome erano solo dei disegni, ho pensato che non dovevano valere più di un fumetto antico. Dopo aver preso rapidamente le tre opere, ho preso il cappotto e il cappello di Carlo, per non farmi riprendere da Daniel dalle telecamere di sicurezza.

Lessico

dettagliatamente in detail
pentita regretful
ne ho approfittato I took advantage of that
addirittura even
non lo avresti notato you wouldn't notice it
immediatamente right away
ora now
siccome since, because

62. LA RICHIESTA DI MARIANNA A REMO RICCI

Oltre a rivelare come è avvenuto il furto, Marianna spiega ad Alice, a Nina e a suo padre perché Remo Ricci non ha detto nulla.

Marianna Reali: Poi ho portato tutto alla bancarella del signor Remo. Lui era contento dei disegni e in cambio mi ha dato il fumetto di *Little Nemo*.

Alice: Marianna, perché il signor Remo non ci ha detto che sei stata tu? Prima ci ha detto che era stato un uomo; poi che era stata una donna coi capelli neri e gli occhi verdi come Adele! Perché ci ha mentito?

Marianna Reali: Anche questo è stato per colpa mia! Dopo tutto il grande scandalo del furto, ieri Adele ed io abbiamo fatto un salto al mercato Anticaglie. Lì ho pregato il signor Remo di non dire nulla.

Adele: È vero, ieri pomeriggio siamo state lì.

Nina: Sì, ti abbiamo vista.

Marianna Reali: Anche io vi ho viste, in una bancarella di libri d'arte, che parlavate con un uomo con il cappello.

Alice: Eri tu che ci stavi spiando alla bancarella!

Marianna Reali: Volevo solo sapere se sospettavate di me. Mi dispiace! Chiedo scusa a tutti!

Lessico

rivelare to reveal
contento pleased
colpa mia my fault
fare un salto to drop by
pregare to pray / to beg
nulla nothing, anything
chiedo scusa a tutti I apologize to everyone

63. IL PERDONO

Mentre Marianna piange disperatamente, Lorenzo Reali consola sua figlia e le dice di non preoccuparsi.

Lorenzo Reali: Tesoro, non è colpa tua. Hai fatto un errore.... Un grave errore. Però so che non volevi farmi stare male. Non sapevi quello che facevi! Per favore, non piangere.

Alice: È vero, Marianna. Ora ciò che importa è scoprire il secondo ladro per recuperare le opere.

Lorenzo Reali: E anche se non le recuperiamo, io ti vorrò bene lo stesso e per sempre.

Marianna Reali: Grazie, papà. Anch'io ti voglio bene e te ne vorrò sempre. Allora mi perdoni?

Lorenzo Reali: Certo, tesoro. Certo che ti perdono.

Alice: Bene, ora dobbiamo trovare chi ha rubato i disegni dalla bancarella.

Lorenzo Reali: C'è qualcosa di strano su questo signore, Remo Ricci.

Alice: Ci ha mentito, questo è certo. Direi di parlare di nuovo con lui.

Lorenzo Reali: Sì, però questa volta dovete andare con la polizia....

Lessico

consolare to comfort, to console
preoccuparsi to worry oneself
non volevi farmi stare male you didn't want to hurt me
importare to matter
anche se even if
recuperare to retrieve, to recover

64. LA POLIZIA

Lorenzo Reali dà a Nina e ad Alice un biglietto da visita con un numero di telefono.

Alice: Di chi è questo numero di telefono?

Lorenzo Reali: È il numero di telefono della detective Santoro.

Alice: L'agente che sta investigando il caso?

Lorenzo Reali: Sì, lei è della polizia. È l'agente incaricata del caso del furto dei miei disegni.

Alice: Dovremmo chiamarla.

Lorenzo Reali: Sì, credo che dovreste chiamarla. Penso che voi tre potreste lavorare bene insieme.

Nina: Mi sembra un'ottima idea!

Lorenzo Reali: Insieme alla detective Santoro potreste interrogare di nuovo Remo Ricci. Potreste chiedergli perché non ha detto la verità. Secondo me se andate con la polizia vi dirà la verità.

Lessico

un biglietto da visita a business card
incaricato in charge
dovremmo we ought to / we should (from the verb dovere)
insieme together
potreste you (all) could (from the verb potere)
interrogare to interrogate

65. LA CHIAMATA TELEFONICA

Alice e Nina chiamano la detective Santoro al telefono per investigare insieme il furto dei disegni di Giordano.

Detective Santoro: Pronto!

Nina: Salve, detective Santoro. Si ricorda di me? Mi chiamo Nina.

Detective Santoro: Ah, Nina! Suppongo tu stia investigando con Alice il furto dei disegni di Giordano!

Nina: Sì! Come fa a saperlo?

Detective Santoro: Sapere le cose è il mio mestiere! Sto investigando su tutto quello che riguarda il caso del furto. E so che anche voi state indagando.

Nina: Sì, abbiamo verificato alcune cose…. Ma ovviamente non vogliamo interferire con la polizia!

Detective Santoro: No, non c'è problema. Per quale motivo mi state chiamando?

Nina: Se è possibile, detective, noi vorremmo lavorare con lei. Pensiamo di poter dare una mano con quello che sappiamo e crediamo che anche lei potrebbe aiutarci a portare avanti la nostra ricerca.

Lessico

si ricorda di me? do you remember me?
suppongo I suppose (from the verb *supporre*)
le cose things
il mestiere profession
il motivo the reason
dare una mano to help
portare avanti to advance / to progress

66. L'INCONTRO
AL PARCO

Nina e Alice danno appuntamento alla detective Santoro a Villa Borghese, un grande parco nella città di Roma. La detective Santoro è una donna di circa 40 anni. È alta, ha i capelli castani e gli occhi scuri. Indossa degli occhiali rossi.

Detective Santoro: Buongiorno, ragazze.

Nina: Salve, detective Santoro. È un piacere rivederla.

Detective Santoro: Il piacere è mio! Allora, ditemi, ragazze. Che cosa avete scoperto finora?

Alice: Questo è quello che sappiamo: Marianna, la figlia di Lorenzo Reali ha una collezione di fumetti che per lei è molto importante. Di solito compra i suoi fumetti al mercato Anticaglie. Da molto tempo compra le storie a fumetti dalla bancarella del signor Remo Ricci. Siccome suo padre ha smesso di darle i soldi per comprare i fumetti, lei ha iniziato a rubare oggetti dalla casa per scambiarli con i fumetti alla bancarella.

Detective Santoro: Il signor Remo Ricci è quindi abbastanza coinvolto?

Alice: Marianna dice di no, che lui le ha solo detto che potevano fare uno scambio....

Lessico

dare appuntamento to agree to meet
finora up until now
iniziare to start

67. IL PIANO CON LA DETECTIVE SANTORO

Le ragazze raccontano alla detective Santoro tutto quello che sanno sul caso del furto dei disegni di Luca Giordano.

Detective Santoro: Che sapete sul secondo furto?

Alice: Non molto. Sappiamo che, quando abbiamo visto e riconosciuto i disegni, il signor Remo Ricci ha chiamato un suo amico... un esperto di arte, per chiedergli di venire il giorno dopo per confermare la loro autenticità.

Detective Santoro: E dopo che è successo?

Alice: Dopo, qualcuno ha messo sottosopra la bancarella e rubato i disegni.

Detective Santoro: Non siete state voi, vero?

Nina: Ahahah!

Alice: No, ovviamente no!

Detective Santoro: Volevo solo una conferma. È il mio lavoro.

Nina: Noi vogliamo solo riportare quelle opere alla collezione del signor Lorenzo Reali, dove saranno ben custodite.

Detective Santoro: Capisco. Prepariamo un piano allora.

Alice: Va bene, che facciamo?

Detective Santoro: Dobbiamo andare un'altra volta alla bancarella del signor Remo Ricci.... C'è qualche indizio che ci sfugge....

Lessico

un suo amico a friend of his
ben custodite well taken care of
preparare un piano to make a plan
va bene OK
ci sfugge escapes us

68. L'INTERROGATORIO

Nina, Alice e la detective Santoro vanno a parlare con Remo Ricci alla sua bancarella. La detective Santoro gli mostra con il suo telefono una foto di Marianna Reali.

Detective Santoro: Guardi questa foto, signor Ricci. Riconosce questa bambina?

Remo Ricci: Sì, sì, la riconosco.

Detective Santoro: Sa come si chiama?

Remo Ricci: Sì, è la figlia del signor Reali... Marianna.

Detective Santoro: Bene. Come la conosce?

Remo Ricci: Lei viene spesso a comprare fumetti.

Detective Santoro: Signor Ricci, questa bambina le ha portato i disegni di Luca Giordano?

Remo Ricci: Sì, sì, è stata lei.

Alice: Perché non ce l'ha detto prima?

Remo Ricci: So che non è bene mentire, davvero! Però è solo una bambina. Non potevo tradirla così. Sono anni che viene a comprare fumetti. È una delle mie migliori clienti. Si fida di me. Per questo non ho detto chi mi ha portato i disegni. Ho deciso di mantenere il segreto per lei.

Detective Santoro: Lei sapeva che gli oggetti che le portava erano rubati?

Remo Ricci: Certo che no! Non ne avevo idea.

Lessico

riconoscere to recognize
come la conosce? how do you know her?
tradire to betray
così like that
fidarsi di to have trust in
mantenere to keep / to maintain

69. UN NUOVO SOSPETTO

La detective Santoro, Alice e Nina continuano a fare domande a Remo Ricci per scoprire chi è il secondo ladro.

Detective Santoro: Signor Ricci, chi sapeva che i disegni di Giordano si trovavano qui? Lei lo ha detto a qualcuno?

Remo Ricci: Mmm... mi faccia pensare. Beh, oltre a me, lo sapevano loro due. Credo nessun altro....

Nina: E che cosa mi dice del suo amico?

Remo Ricci: Che amico?

Nina: L'esperto di arte napoletana.

Detective Santoro: Di chi parli?

Nina: Quando abbiamo riconosciuto i disegni, il signor Ricci ha chiamato un amico, un esperto di arte, per chiedergli di confermare l'autenticità dei disegni di Giordano. Doveva venire il giorno dopo.

Detective Santoro: Chi è quest'uomo, signor Ricci?

Remo Ricci: Si chiama Emanuele Valverde.

Detective Santoro: Possiamo parlare con lui?

Lessico

continuare a fare domande to keep asking questions
mi faccia pensare let me think
di chi parli? who are you talking about?

70. LA RICERCA DI EMANUELE VALVERDE

Il signor Remo Ricci dà alla detective Santoro informazioni su Emanuele Valverde: il suo indirizzo e i suoi numeri di telefono. Poco dopo, le tre donne lasciano la bancarella.

Alice: Che ne pensa, detective Santoro?

Detective Santoro: Credo che dovremmo parlare con Emanuele Valverde. Magari è proprio la persona che cerchiamo. Proviamo a chiamarlo a casa sua: lo faccio subito!

Nina: Non risponde nessuno?

Detective Santoro: No. Squilla, però non risponde nessuno.

Nina: Proviamo sul cellulare?

Detective Santoro: Sì, adesso lo chiamo sul cellulare.

Alice: Squilla?

Detective Santoro: No, sembra che il cellulare sia spento.

Nina: È molto strano.

Detective Santoro: Sì, è strano.

Alice: Dovremmo andare a casa sua, per parlare con lui, magari?

Detective Santoro: Sì! Volete venire con me?

Alice: Certo, andiamo.

Nina: Andiamo!

Lessico

l'indirizzo address
lo faccio subito I'm going to do it now
squilla it's ringing
essere spento to be turned off

71. L'ULTIMA POSIZIONE

La detective Santoro porta Nina e Alice all'indirizzo che il signor Remo Ricci le ha dato. Suonano il campanello, però nessuno apre la porta. La detective Santoro parla al telefono con i suoi colleghi della polizia per controllare l'indirizzo e i numeri di telefono dell'uomo.

Detective Santoro: Questo è proprio l'indirizzo di Emanuele Valverde, dottore di Storia dell'arte, specializzato in arte napoletana.

Alice: È strano però: non risponde al telefono, non c'è nessuno in casa e ha anche il cellulare spento.

Detective Santoro: Sì, è strano. I miei colleghi stanno provando a individuare la posizione del suo cellulare.

Nina: Potete farlo?

Detective Santoro: Sì, se ha attivato da poco il GPS sul telefono, è possibile localizzarlo. Lo hanno trovato! Dicono che la sua ultima posizione corrisponde a un paio di ore fa a Napoli.

Alice: Napoli? È a circa tre ore da qui.... Che ci fa lì?

Nina: Credo di saperlo....

Detective Santoro: Cioé?

Nina: Oggi inizia una fiera d'arte molto importante a Napoli. Ci sono collezionisti d'arte di tutto il mondo.

Alice: Quindi....

Detective Santoro: Quindi se lui ha i disegni di Giordano, potrebbe venderli lì....

Lessico

suonare il campanello to ring the bell
anche even
individuare la posizione to detect the location
un paio a few
cioé? what do you mean?
la fiera fair
i collezionisti collectors

72. IL VIAGGIO A NAPOLI

Alice, Nina e la detective Santoro sospettano di Emanuele Valverde, il quale sembra trovarsi a Napoli.

Detective Santoro: Bene, ragazze. Il prossimo passo è quello di andare a Napoli. Dobbiamo evitare che quei disegni finiscano nel mercato nero.

Alice: Inoltre... a Napoli c'è un grande mercato nero di opere e venderle lì sarà facilissimo.

Nina: Sì, le opere si vendono molto facilmente lì.

Detective Santoro: Esatto. Dobbiamo partire il prima possibile. Se preferite restare qui e godervi la vostra vacanza, lo capisco.

Alice: Sta scherzando, detective Santoro? Non ci perderemmo tutto questo per nulla al mondo!

Detective Santoro: Ahahah. Va bene, allora salite in macchina, perché partiamo subito!

Nina: Questa è una follia!

Alice: Se vuoi rimanere qui, non è un problema....

Nina: No, certo che no! È una follia... alla quale voglio far parte!

Detective Santoro: Bene, andiamo!

Lessico

il quale whom
il passo step
evitare to avoid
il mercato nero black market
scherzare to kid / to joke
non ci perderemmo tutto questo we wouldn't miss all this
salite get in (from the verb *subir*)
far parte to be part of

73. LA FIERA D'ARTE DI NAPOLI

La detective Santoro, Alice e Nina sono in viaggio verso Napoli nella volante della detective Santoro. Alla Fiera d'arte di Napoli ci sono tantissimi visitatori, collezionisti e artisti. Ci sono centinaia di persone.

Alice: Come troviamo il nostro uomo in mezzo a tutta questa gente?

Detective Santoro: Ho una sua foto! Me l'hanno inviata dalla centrale di polizia. Guardate!

Nina: È un uomo anziano. Deve avere circa sessant'anni.

Detective Santoro: Sessantadue anni, secondo il rapporto che mi hanno inviato.

Alice: Ha i capelli bianchi, piuttosto lunghi. Porta degli occhiali con la montatura dorata.

Nina: Non sarà molto difficile trovarlo.

Detective Santoro: Possiamo dividerci. Nina, tu vai a destra. Alice, tu vai a sinistra. Io andrò lungo il corridoio centrale.

Alice: Perfetto!

Nina: Andiamo!

Lessico

la volante police car
la centrale di polizia police station
un uomo anziano older man
secondo based on / according to
la montatura dorata gold frame
possiamo dividerci we can divide up

74. L'INSEGUIMENTO

La detective Santoro, Alice e Nina si dividono per trovare Emanuele Valverde alla Fiera d'arte di Napoli.

Nina: Alice, Alice! L'ho visto! Ha una valigetta. È andato da quella parte, mi pare!

Detective Santoro: Avete visto qualcosa?

Alice: Sì, Nina dice che forse l'ha visto andare di là. Ha una valigetta!

Detective Santoro: Perfetto, andiamo in quella direzione.

Nina: Guardate! È laggiù.

Alice: Non lo vedo. Qual è?

Nina: È l'uomo con il vestito viola.

Detective Santoro: Eccolo là, sta salendo le scale.

Alice: L'ho visto. Come facciamo per fermarlo?

Detective Santoro: Alice, tu vai per quelle scale. Io vado per queste scale. Nina, tu rimani qui, nel caso scenda qui.

Nina: Va bene!

Lessico

la valigetta briefcase
mi pare it seems to me
le scale the stairs
come facciamo per fermarlo? how can we stop him?
nel caso in the event
scendere to come down

75. EMANUELE VALVERDE

La detective Santoro e Alice corrono verso l'uomo, ognuna da un lato del corridoio centrale. Quando si avvicinano a lui, entrambe di corsa, l'uomo si spaventa e lascia cadere la valigetta, che si apre. Dentro la valigetta c'era....

Alice: Una banana?

Detective Santoro: Che cos'è questa?

Emanuele Valverde: Voi chi siete? Che volete? Sì, è la mia merenda. Qual è il problema?

Detective Santoro: Mi dispiace, signor Valverde. Io sono la detective Santoro, di Roma. Possiamo parlare con lei?

Emanuele Valverde: Sì, certo! C'è qualcosa che non va?

Detective Santoro: Questo lo vedremo....

Emanuele Valverde: Va bene, cosa succede?

Detective Santoro: Abbiamo provato a contattarla da questa mattina. Siamo stati a casa sua, l'abbiamo chiamata al telefono, ma non abbiamo avuto risposta.

Emanuele Valverde: Beh, sì. Ovviamente non sono a casa. Sono qui in vacanza. E per quanto riguarda il mio cellulare, è scarico da alcune ore. C'è qualche problema con questo?

Detective Santoro: No, certo che no. Lei conosce Remo Ricci?

Lessico

spaventarsi to get scared
lasciar cadere to let go / to drop
la merenda snack
c'è qualcosa che non va? Is there something wrong?
la vacanza holiday
scarico with no charge (battery life)

76. LA STORIA
DI EMANUELE

Emanuele Valverde, alla Fiera d'arte di Napoli, risponde alle domande della detective Santoro, e di Alice e Nina.

Emanuele Valverde: Sì, conosco Remo Ricci. Non è un amico stretto, però so chi è. È quel tipo che vende cose rubate alla bancarella del mercato Anticaglie, no? Che c'entra lui?

Detective Santoro: Ha parlato con lui recentemente?

Emanuele Valverde: No. Non parlo con lui da più di un anno. Perché?

Detective Santoro: Remo Ricci non l'ha chiamata sabato scorso per chiederle di andare alla sua bancarella per alcuni disegni di Luca Giordano?

Emanuele Valverde: Ahahah. Assolutamente no!

Detective Santoro: Lui ha detto che l'ha chiamata per chiederle di autenticare l'originalità dei disegni.

Emanuele Valverde: No! Non l'ha mai fatto.

Alice: Però l'ha chiamata davanti a noi.

Emanuele Valverde: Beh, quel truffatore deve aver fatto finta. A me non ha chiamato nessuno.

Lessico

un amico stretto a close friend
che c'entra lui? what does he have to do with it?
citar to make an appointment
davanti a noi in front of us
il truffatore swindler
fare finta fake

77. LA CHIAMATA INESISTENTE

La detective Santoro contatta la centrale di polizia a Roma per confermare se Remo Ricci ha effettuato qualche chiamata a Emanuele Valverde il giorno del furto.

Detective Santoro: Sembra che Remo Ricci non abbia chiamato nessuno!

Nina: Davvero?!

Detective Santoro: Sì, me l'hanno confermato dalla stazione di polizia di Roma. Hanno rintracciato le chiamate e non c'è nessuna chiamata dal telefono di Remo Ricci quel giorno.

Emanuele Valverde: È esattamente quello che le ho detto. A me non ha chiamato nessuno!

Detective Santoro: Da quanto tempo conosce Remo Ricci?

Emanuele Valverde: Lo conosco da qualche anno. A volte andavo alla sua bancarella, al mercato Anticaglie, per vedere oggetti d'antiquariato.

Detective Santoro: Però non siete amici?

Emanuele Valverde: No, certo che no. È semplicemente un uomo da cui a volte ho comprato degli oggetti. Però, come ho già detto, non parlo con lui da più di un anno….

Detective Santoro: Perché?

Emanuele Valverde: La verità è che non amavo molto il suo modo di fare affari.

Detective Santoro: Perché no?

Emanuele Valverde: Perché aveva troppi oggetti rubati!

Lessico

realizar to make / to realise
rintracciare to track
da quanto tempo conosce…? how long have you known…?
affari business
il modo the way
troppi too many

78. L'INGANNO

La detective Santoro finisce di interrogare Emanuele Valverde e dopo aver perquisito le sue borse, lo lascia andare. Poi dice ad Alice e Nina cosa devono fare dopo.

Detective Santoro: Che pensate, ragazze?

Alice: Credo sia evidente che Emanuele Valverde non c'entri niente con tutto questo. Siamo state ingannate!

Nina: Sì, siamo state prese in giro dal signor Remo Ricci. E non è la prima volta che mente! Sicuramente sapeva che Emanuele Valverde sarebbe stato a questa fiera d'arte come tutti gli altri anni. L'ha fatto per allontanarci dalla città.

Alice: Detective Santoro, crede che sia possibile arrestare Remo Ricci?

Detective Santoro: Non abbiamo alcuna prova. Anche se sembra che ci abbia mentito, non possiamo arrestarlo solo per questo. Dobbiamo beccarlo con le mani in pasta! Dobbiamo trovare i disegni di Giordano.

Alice: Però come facciamo se nel frattempo sta scappando, approfittando del fatto che noi siamo qui a Napoli?

Detective Santoro: Chiamo subito la centrale di polizia di Roma per tenerlo sotto controllo. Loro non lo faranno scappare. Se cerca di fuggire con i disegni, lo arrestiamo.

Nina: Allora, andiamo?

Detective Santoro: Andiamo!

Lessico

perquisire to search [a person or an object]
le sue borse his luggage
lo lascia andare let him go
siamo state prese in giro! We've been tricked!
allontanare to get away
las pruebas evidence / proof
beccarlo con le mani in pasta caught him red handed

79. IL VIAGGIO
DI RITORNO

Durante il viaggio di ritorno a Roma, la detective Santoro chiede e Nina dei dettagli sulle opere.

Detective Santoro: Se troviamo Remo Ricci con i disegni di Giordano, dobbiamo assicurarci che siano realmente quello che stiamo cercando. Puoi descrivere i disegni?

Nina: Certo. Sono tre opere.

Detective Santoro: Sono molto grandi?

Nina: No, non sono molto grandi. Possono entrare in una valigetta senza problemi.

Detective Santoro: Va bene, che altro?

Nina: La carta è molto antica. Non è bianca, ma color crema.

Detective Santoro: Bene. Che disegni sono?

Nina: Uno dei disegni mostra il Cristo con una croce.

Detective Santoro: Sono immagini religiose?

Nina: Sì, era un tema molto comune. Infatti, un altro disegno rappresenta degli angeli.

Detective Santoro: E il terzo disegno?

Nina: Il terzo disegno è la figura di un uomo in piedi. L'uomo è quasi di spalle. Sono tutti fatti con il gessetto rosso.

Detective Santoro: Perfetto!

Nina: Sono opere molto belle e suggestive, con tratti che sembrano improvvisati ma carichi di energia.

Detective Santoro: Che descrizione!

Lessico

doversi assicurare to have to be sure
il tema theme, subject
di spalle with the back turned
il gessetto chalk
suggestivo evocative
tratti strokes (of drawing)
improvvisato improvised
carichi charged, full
la descrizione description

80. LA FUGA

Dopo alcune ore, Alice, Nina e la detective Santoro arrivano a Roma. È l'alba. Il sole sta sorgendo e le strade cominciano a riempirsi di romani che vanno a lavoro. Le tre vanno direttamente alla bancarella di Remo Ricci.

Detective Santoro: Quell'auto è una nostra volante che sta controllando Remo Ricci, per evitare che scappi. Andiamo a chiedere ai miei colleghi se hanno notato qualcosa di strano.

Alice: Va bene!

Detective Santoro: Buongiorno, ufficiale Gallo. Queste sono Alice e Nina. Stanno collaborando all'indagine. Come procede? Lo avete visto?

Ufficiale Gallo: Salve, detective Santoro. Buongiorno, ragazze! Il signor Ricci ha una stanza in affitto vicino alla sua bancarella. È lì dentro da ieri notte. Ha spento le luci qualche ora fa. Siamo in attesa di un suo movimento.

Nina: Guardate! Eccolo che esce di casa.

Detective Santoro: Ha una valigetta. Andiamo! Signor Ricci, si fermi!

Alice: Sta correndo! Dobbiamo prenderlo!

Detective Santoro: Accenda le sirene dell'auto e lo insegua, Gallo!

Ufficiale Gallo: È entrato in quello stretto vicolo. L'auto non ci passa.

Detective Santoro: Corriamogli dietro!

Lessico

l'alba dawn / early morning
i romani people from Rome
per evitare che scappi to avoid him escaping
in affitto rental (apartment/house)
si fermi! Stop! (from the verb *fermarsi*)
accendere to turn on
inseguire to chase
stretto narrow
dietro after / behind

81. L'INSEGUIMENTO

Nina, Alice e la detective Santoro corrono dietro a Remo Ricci, perché la volante non può entrare nello stretto vicolo dove si è infilato l'uomo.

Alice: Questo vicolo è molto buio!

Nina: Non vedo niente. Credete che si stia nascondendo qui?

Alice: Sento il suo respiro affannato da qualche parte.

Detective Santoro: Aspettate. Accendo la mia torcia.

Alice: Molto meglio! Laggiù, dietro a quei cassonetti della spazzatura, qualcosa si muove!

Detective Santoro: Silenzio! Mi avvicinerò di soppiatto….

Gatto: MIAAAOOO!

Nina e Alice: AAAHHH!

Detective Santoro: Tranquille, era solo un gatto! Ma dov'è?

Alice: Eccolo là, esce dall'altra parte!

Detective Santoro: Andiamo!

Nina: Come corre veloce, accidenti!

Alice: Ha girato a sinistra.

Detective Santoro: Vuole seminarci! Dividiamoci, come prima. Nina, tu vai a destra. Alice, tu vai a sinistra. Io andrò dritto dietro di lui. Non credo che sia pericoloso, però se tira fuori un'arma, buttatevi a terra.

Nina: Un'arma? È solo un vecchio ladro!

Detective Santoro: Nina, non sai cosa è in grado di fare la gente per i soldi!

Lessico

buio dark
si stia nascondendo he's hiding
il respiro affannato heavy breathing
i cassonetti della spazzatura trash cans
accidenti darnit
seminarci leave us behind
un'arma a firearm
buttatevi a terra throw yourself on the ground

82. LE BICICLETTE

Le tre corrono in direzioni diverse. Nel silenzio dell'alba, possono sentire i passi di Remo Ricci non molto lontano. Un minuto dopo, sono tutte e tre dall'altra parte dell'isolato ma senza averlo catturato.

Nina: Accidenti! Dov'è?!

Alice: È laggiù. Sta chiamando un taxi. Guardate!

Detective Santoro: Sì, è lui. Se sale sull'auto, sarà impossibile prenderlo.

Nina: A meno che non lo inseguiamo con un veicolo.

Detective Santoro: Però la volante non è qui. Lo perderemo di vista.

Nina: Non mi riferisco a quel veicolo.

Alice: Le biciclette! Certo!

Detective Santoro: Avete i vostri abbonamenti per i mezzi a portata di mano?

Nina e Alice: Sempre!

Detective Santoro: Bene, allora andiamo, forza!

Alice: Che emozione! Mi sento come una protagonista dei miei romanzi….

Nina: Che paura! Mi sento come in uno dei tuoi romanzi….

Detective Santoro: Ragazze, queste bici sono elettriche, se vogliamo prenderlo dobbiamo impostare la velocità al massimo, siete pronte?

Alice: Sì!

Nina: No!

Detective Santoro: Ora!

Lessico

l'isolato block
se sale sull'auto if he gets in the car
lo perderemo di vista we'll lose sight of him
l'abbonamento per i mezzi transportation pass
a portata di mano at hand
impostare la velocità to set the speed
siete pronte? are you ready?

83. LA CADUTA

Tutti e tre mettono al massimo la potenza delle biciclette elettriche, per cui partono a razzo all'inseguimento dell'auto e la raggiungono in pochi secondi. La detective Santoro è la prima. Quando sta per superare il taxi, tuttavia, Remo Ricci apre la portiera e la detective ci sbatte con forza contro. Cade in mezzo alla strada insieme alla sua bicicletta. Le ragazze la raggiungono e si fermano per controllare che stia bene.

Detective Santoro: Che fate? Seguitelo!

Nina: Sì, ma lei sta bene?

Detective Santoro: Sì, sì, solo qualche graffio, inseguitelo!

Alice: Va bene!

Nina: È fermo al semaforo! Andiamo.

Alice: Attenzione con gli sportelli dell'auto, mantieniti a distanza.

Remo Ricci: State lontane! Non vi darò nulla.

Alice: La smetta con questa follia, signore. La polizia la prenderà prima o poi.

Remo Ricci: Sono sicuro di no invece!

Nina: Il semaforo è verde, si allontana!

Alice: E anche se lo raggiungiamo, che facciamo? Dobbiamo pensare a un piano.

Lessico

partire a razzo to be off like a shot
raggiungere to reach
la portiera / sportello dell'auto car door
sbattere to hit
un graffio scratch
il semaforo traffic light
la smetta con enough with

84. IL PIANO AL VOLO

Mentre pedalano dietro al taxi, le ragazze pensano a un piano semplice per recuperare la valigetta. Ci sono sempre più auto per le strade.

Alice: Allora, il finestrino del lato sinistro è aperto. Possiamo avvicinarci da lì.

Nina: Credi che ci sia abbastanza spazio per recuperare la valigetta?

Alice: No, no, cerchiamo solo di avvicinarci per parlargli. Una di noi gli deve parlare. L'altra deve avvicinarsi dall'altro lato, da destra. Dopo aver aperto lo sportello, per colpire la detective Santoro, non ha chiuso bene lo sportello.

Nina: E dopo aver aperto lo sportello destro che facciamo?!

Alice: Dopo aver aperto lo sportello entriamo in macchina e prendiamo la valigetta di nascosto!

Nina: Che cosa?! Questo lo fai tu! Io non penso di riuscire a mettere anche un solo dito dentro quell'auto con quel fanatico lì dentro!

Alice: Va bene, allora tu sarai la distrazione.

Nina: Va bene. Vediamo cosa mi viene in mente....

Lessico

il finestrino car window
avvicinarsi to get closer
chiudere to close
di nascosto stealthily
la distrazione distraction

85. LA DISTRAZIONE

Il taxi si avvicina a via Cassia, dove deve fermarsi a un altro semaforo. Le ragazze approfittano del momento. Nina si avvicina per prima allo sportello sinistro, il cui finestrino è abbassato.

Remo Ricci: Allontanati, ragazzina! Non vorrai farti del male....

Tassista: Ha ragione, ragazzina, devi mantenere una distanza dalle automobili, se non vuoi causare un incidente.

Remo Ricci: Tu sta' zitto!

Tassista: Che maleducato!

Nina: Signor Remo, deve consegnare la valigetta. Lo sa che prima o poi la cattureranno.

Remo Ricci: Catturarmi per cosa? Io non ho fatto niente. Questa valigetta è mia.

Nina: Non mi riferisco alla valigetta, mi riferisco a quello che c'è dentro!

Remo Ricci: Quello che c'è dentro l'ho ottenuto legalmente. La bambina me lo ha portato alla bancarella e lo ha scambiato per una storia a fumetti di grandissimo valore, vecchia cento anni. Per una volta che faccio un buon affare, perché dovrei restituire i miei guadagni?

Tassista: E quella che fa all'altro sportello?

Remo Ricci: EHI! CHE FAI QUI?

Lessico

il cui finestrino whose window
farsi del male to get hurt
incidente accident
tu sta zitto! you shut up
che maleducato! how rude!
restituire to return

86. LA DISCUSSIONE

Mentre Remo Ricci parla con Nina, Alice inizia a sgattaiolare lentamente dallo sportello sulla destra, finché il tassista non la vede. Quindi, Remo Ricci si aggrappa alla valigetta, spinge Alice fuori dalla macchina e lascia il veicolo.

Remo Ricci: Ragazze, cercate di capire! Non vi darò questi disegni! Sono miei, miei, miei!

Alice: Quei disegni appartengono a Lorenzo Reali e lei lo sa.

Remo Ricci: Certo che no! È stato uno scambio onesto, una buona opportunità di affari, io ho solo colto l'occasione. Non sapevo nemmeno che quei disegni fossero di Giordano. Voi questo lo sapete bene. Potevano essere di chiunque altro, potevano essere senza valore. Il mio istinto da commerciante mi ha portato a fare un buon affare e ora volete portarmi via tutto!

Nina: Non è così! Lei è un bugiardo. Lei sapeva che in quella casa c'erano oggetti di valore e ha convinto una bambina innocente a rubare a suo padre.

Lessico

sgattaiolare to sneak
aggrapparsi to cling to / to grasp
cogliere l'occasione to seize the opportunity
l'istinto da commericante business instinct
volete portarmelo via you want to take it away from me
bugiardo a liar
convincere to convince

87. L'ARMA!

Remo Ricci è rosso dalla rabbia. È sempre più arrabbiato. È a piedi in mezzo a via Cassia, discutendo con le ragazze. Le automobili sfrecciano ai lati.

Remo Ricci: Io non le ho mai detto di rubare!

Nina: Sapeva perfettamente che la bambina stava rubando. Altrimenti, perché veniva alla sua bancarella con oggetti e non con denaro? Inoltre, l'ha manipolata per avere da lei cose sempre più preziose.

Remo Ricci: Voi siete pazze. Io non lo farei mai! Io non ho manipolato nessuno. Sono solo un uomo d'affari. Mi dedico all'antiquariato. Queste sono antichità, e sono mie!

Alice: No! Sono di Lorenzo Reali e lei dovrà riconsegnarle al suo legittimo proprietario!

Remo Ricci: Ah, sì? Io credo di no invece!

Nina: Attenta, Alice! Sta tirando fuori qualcosa....

Alice: Mio dio! La detective Santoro aveva ragione! È armato!

Nina: Signore, metta giù quell'arma! Non faccia sciocchezze!

Remo Ricci: ALLORA ANDATEVENE, PERCHÉ NE HO GIÀ AVUTO ABBASTANZA!

Tassista: No, io ne ho avuto abbastanza!

Lessico

è rosso dalla rabbia red with anger
sfrecciare to speed, to hurtle
l'ha manipolata you manipulated her
è armato! he's armed
mettere giù to put down
non faccia sciocchezze don't do something stupid

88. PEPE

Quando il tassista vede Remo Ricci puntare una pistola contro le ragazze, prende una piccola mazza da softball dal vano portaoggetti della macchina e si avvicina lentamente alle spalle dell'uomo. Quando vede che è sul punto di sparare lo colpisce in testa con tutte le sue forze. Remo Ricci cade a terra incosciente.

Tassista: E non svenire per troppo tempo, mi devi diciassette euro e trenta centesimi!

Alice: Grazie, signore! Ci ha salvate, credo che avrebbe sparato davvero.

Nina: Ha sempre con lei una mazza da baseball nell'auto?

Tassista: Ahahah, no! È di mio figlio. Pomeriggio ha l'allenamento di softball. È un caso!

Detective Santoro: State tutti bene? Che è successo?

Alice: Remo Ricci è sceso dalla macchina per affrontarci. Era molto arrabbiato. In un attimo ha tirato fuori un'arma. Allora questo brav'uomo si avvicinato a lui da dietro e l'ha steso!

Detective Santoro: Grazie, signore. Qual è il suo nome?

Tassista: Mi chiamano Pepe. Comunque, che cosa c'è in quella valigetta, che vi preoccupa a tutti così tanto?

Lessico

puntare... contro to aim... at
la mazza bat, stick, club
il vano portaoggetti glove compartment
cadere a terra to fall on the ground
svenire to faint
mi devi you owe me
salvare to save
è un caso! it is a coincidence
affrontare to confront
arrabbiato angry
stendere [qualcuno] to knock out [someone]

89. LA VALIGETTA

La detective Santoro ammanetta Remo Ricci. Con una radiotrasmittente chiama la pattuglia di polizia e chiede di inviare un'ambulanza. Poi, sotto lo sguardo attento di Nina, Alice e Pepe, apre la valigetta che era rimasta a terra. Dentro ci sono i disegni di Giordano!

Nina: Non riesco a credere che finalmente abbiamo recuperato i disegni!

Pepe: Che belli! Li hai fatti tu?

Nina: No, no, li fatti Luca Giordano, un grande artista della storia d'arte italiana.

Pepe: Giordano? Mi piacciono le sue opere. Poco tempo fa ho guardato un documentario su di lui insieme a mio figlio. Che cosa farete ora con quella valigetta?

Alice: La restituiremo al suo proprietario, al signor Lorenzo Reali…. Credo che anche lei dovrebbe venire con noi, visto che ci ha aiutate a recuperarla.

Lessico

ammanettare to handcuff
la radiotrasmittente radio transmitter
la pattuglia patrol, squad
recuperare to recuperate / to recover

90. REMO RICCI RIPRENDE CONOSCENZA

In quel momento, Remo Ricci riprende conoscenza. Sembra abbastanza confuso, ma ritorna immediatamente al suo precedente stato di rabbia quando si rende conto di essere ammanettato. Prova a mettersi in piedi, però non ci riesce.

Remo Ricci: Cosa sono queste? Toglietemi le manette! Io non ho fatto niente.

Nina: Ah, no?

Remo Ricci: No, certo che no.

Detective Santoro: Invece a me sembra che rimarrà ammanettato.

Remo Ricci: Guardi, signora agente, come ho già spiegato a queste ragazze, io ho ottenuto quei disegni legalmente. Ho una bancarella che compra e scambia oggetti d'antiquariato. Un cliente mi ha portato quei disegni e io ho dato in cambio qualcosa di grande valore. È tutto perfettamente legale!

Detective Santoro: Ah, sì? E mentire alla polizia è legale? E tirare fuori un'arma e puntarla contro due ragazze è legale? Se avesse detto la verità dall'inizio a quest'ora sarebbe libero. Se avesse riconsegnato i disegni avrebbe avuto la ricompensa. Invece, signore, ora andrà in prigione senza dubbio!

Remo Ricci: Maledizione!

Pepe: Qualcuno ha detto "ricompensa"?

Lessico

riprendere conoscenza recover your senses
rendersi conto to realize
non ci riesce he can't do it
toglietemi take off me
se avesse if you had
la prigione jail
Maledizione! Darn it!

91. L'ARRESTO DI REMO RICCI

Poco dopo, arrivano due auto della polizia e un'ambulanza, dove caricano Remo Ricci ammanettato, perché non provi a scappare.

Alice: Bene, adesso non sentiremo più altre bugie da parte di Remo Ricci....

Nina: Finalmente! È stato davvero estenuante.

Detective Santoro: Ragazze, avete fatto davvero un ottimo lavoro.

Pepe: Non si dimentichi di me, agente!

Detective Santoro: Ahahah. Certo, Pepe. Il suo ruolo in questa storia è stato breve ma fondamentale per la cattura di Remo Ricci.... Probabilmente ha salvato la vita di queste ragazze!

Nina: Suo figlio sarà molto orgoglioso di lei.

Pepe: Credo che non crederà a niente di quello che mi è capitato oggi.

Alice: Che facciamo ora?

Detective Santoro: Adesso andiamo a casa di Lorenzo Reali. Dobbiamo riportare queste opere al proprietario.

Lessico

non si dimentichi di me don't forget about me
è stato breve it has been brief
la cattura the capture, the arrest
orgoglioso proud
la casa home

92. LA RESTITUZIONE DELLE OPERE

Con la volante e il taxi di Pepe, vanno tutti alla villa di Lorenzo Reali, il quale viene avvisato durante il tragitto. La detective Santoro ha con sé la valigetta con le opere. Lorenzo Reali li sta già aspettando davanti alla porta di casa con un enorme sorriso.

Lorenzo Reali: Nina! Alice! Detective, entrate, entrate!

Alice: Signor Reali! Abbiamo recuperato i disegni.

Lorenzo Reali: Lo so. È incredibile! Vi sono veramente grato!

Pepe: Salve, io sono Pepe. Ho salvato le ragazze all'ultimo momento, quando quel terribile ladro stava per sparare.

Lorenzo Reali: Davvero? Non ci posso credere! Venga, Pepe, mi racconti tutto. Voglio sapere ogni dettaglio.

Detective Santoro: Le ragazze e Pepe hanno fatto un ottimo lavoro. Siamo molto colpiti del vostro impegno, e siamo contenti che finalmente le opere siano tornate a casa.

Lorenzo Reali: Però non è qui dove dovrebbero stare!

Tutti: Cosa?

Lorenzo Reali: No. Ho deciso di donare tutta la mia collezione al Palazzo Reale di Napoli.

Lessico

durante il tragitto on the way
il sorriso smile
essere grato to be thankful
stava per sparare was about to shoot
essere colpito da to be impressed with
impegno dedication / commitment
donare to donate

93. LA DONAZIONE

Tutti guardano Lorenzo Reali perplessi. Vanno in salotto, dove salutano Marianna Reali, Adele e il resto del personale della casa. Quindi chiedono spiegazioni a Lorenzo Reali.

Alice: Vuole donare tutta la sua collezione? Ma se la ama più di qualsiasi altra cosa al mondo!

Lorenzo Reali: Esatto! Amo così tanto la mia collezione che credo si troverà meglio in un luogo adatto dove può ricevere la migliore attenzione possibile. Al Palazzo Reale non solo riceverà le migliori cure ma anche la migliore sicurezza. Evidentemente, questo è qualcosa che non sono in grado di offrire alle mie opere d'arte. Inoltre.... Ho avuta una seria conversazione con Marianna.

Marianna Reali: È così. Papà ed io abbiamo capito che trascorriamo troppo tempo pensando alle nostre collezioni. Dovremmo passare più tempo insieme, per questo abbiamo deciso di donarle.

Nina: Anche tu donerai la tua collezione, Marianna?

Marianna Reali: Sì! Continuerò a leggere dei fumetti di tanto in tanto, ma quelli più antichi li porteremo alla Galleria Borghese, dove hanno un'importante collezione di fumetti.

Detective Santoro: Penso che sia molto generoso da parte tua, Marianna.

Lorenzo Reali: Dopo tutto quello che è successo pensiamo che sia la cosa migliore da fare.

Lessico

perplessi disconcerted / confused
il personale staff
le migliori cure the best care
passare tempo to spend time
di tanto in tanto every once in a while

94. LA RICOMPENSA

Marta e Gianni portano in salotto il caffè per tutti. Poi, Nina e Alice raccontano nei dettagli a Lorenzo Reali tutto quello che è successo dall'ultima volta che si erano visti. Pepe, tutto orgoglioso, racconta la sua partecipazione al finale della storia. Lorenzo Reali attende pazientemente la fine del racconto per fare un annuncio.

Lorenzo Reali: Adesso, so che mi direte di no, ma voglio dire qualcosa. Avevo annunciato una ricompensa di mille euro però credo che sia troppo poco…. Rispetto al valore delle opere e per tutto quello che avete fatto, credo che sia meglio una ricompensa di tre mila euro ciascuno. Compreso Pepe, l'eroe dell'ultimo minuto.

Alice: Non possiamo accettare.

Nina: Non vogliamo nessuna ricompensa, signor Reali.

Pepe: Io accetto! Così potrò comprare a mio figlio una bicicletta nuova. Magari un giorno mi potrò comprare un taxi tutto mio!

Alice: Può dare la nostra parte a Pepe, signor Reali. Ci ha salvato la vita! E suo figlio ne sarà contento.

Lorenzo Reali: Va bene, farò così. Però almeno permettetemi di darvi qualcosa.

Nina: Non sono soldi?

Lorenzo Reali: No, non sono soldi… è una sorpresa. Ve la darò tra una settimana, al Palazzo Reale di Napoli.

Lessico

pazientemente patiently
il racconto story
troppo poco too little
contento happy, glad
permettetemi di darvi let me give you (all)
i soldi money
la sorpresa surprise

95. L'INAUGURAZIONE

Una settimana dopo, Alice e Nina assistono all'inaugurazione della nuova sala del Palazzo Reale di Napoli. Questa nuova sede è dove sarà esposta al pubblico la collezione di Lorenzo Reali. Le ragazze, che hanno passato la settimana a riposarsi in albergo, sono molto eleganti, con abiti lunghi da sera. Nella sala ci sono camerieri che servono spumante e stuzzichini. Le opere della collezione di Lorenzo Reali sono esposte in giro per la sala. E sulla parete più importante, con un'illuminazione speciale, sono esposti i disegni di Luca Giordano.

Nina: Pepe! È venuto anche lei!

Pepe: Sì! Certo. Non mi perderei questa serata per nulla al mondo. Questo è Ale, mio figlio.

Alice: Ciao, Ale! Tuo padre ti ha già raccontato di come ci ha salvato la vita?

Ale: Sì! Ma non gli credevo....

Nina: E invece no! Tuo padre è un eroe!

Detective Santoro: Ragazze! Siete arrivate!

Alice: Detective Santoro! Non l'avevo riconosciuta con questo vestito!

Detective Santoro: Ahahah, oggi ho il giorno libero, potete chiamarmi Agnese.

esporre to exhibite / to display
lo spumante sparkling wine
gli stuzzichini appetizers, snacks
in giro around
perdere to miss / to lose
non gli credevo I didn't believe him (from *credere*)
eroe hero

96. L'OFFERTA

In quel momento, Lorenzo Reali entra nella sala, accompagnato da una donna. Si dirige direttamente verso di loro.

Lorenzo Reali: Salve a tutti! Detective Santoro, come sta? Pepe, ha comprato il taxi nuovo? È più comodo, no? Ragazze!

Alice: Salve, signor Reali. La vediamo contento.

Lorenzo Reali: Certamente! Avete visto come sono esposte le mie opere! Non sono mai state ammirate da così tanta gente, con così tanta "vita" attorno a loro! E poi... Voglio presentarvi qualcuno. Lei è Amalia Zucconi, la direttrice del museo.

Amalia: Piacere!

Lorenzo Reali: Amalia, vorrei presentarti qualcuno di molto speciale. Questa è Nina, la ragazza di cui ti ho parlato.

Nina: Salve, Amalia. È un vero piacere conoscerla. Ovviamente io so chi è lei, ho letto tutti i suoi articoli sulla museologia.

Amalia: Non mi stupisce, visto che Lorenzo mi ha detto che sei una studiosa e molto professionale.

Nina: Beh, non saprei....

Amalia: Sono sicura che lo sei, visto che ho anche chiamato la tua università e mi hanno detto che ti sei laureata con il massimo dei voti, la migliore della classe!

Nina: Ha chiamato la mia università?

Amalia: Sì! Non avrei mai assunto un nuovo curatore del museo senza prima controllare la sua carriera accademica. E devo dire che è davvero impeccabile!

Nina: Io? La sua nuova curatrice? Qui?

Amalia: Certo, chi potrebbe occuparsi meglio di te di questa nuova sala?

Lessico

acompagnato accompanied
si dirige direttamente he goes straight
la gente people
non mi stupisce I am not surprised
laurearsi con il massimo dei voti to graduate with honors
il curatore curator

97. LA SECONDA OFFERTA

Nina piange dall'emozione, è il sogno della sua vita occuparsi di arte! Alice l'abbraccia contenta.

Alice: Nina, sono tanto felice per te. Questo significa che verrai a vivere a Napoli! Che fortuna! Potrai prendere un bell'appartamentino e io verrò spesso a trovarti.

Lorenzo Reali: Anche a te piacerebbe tornare a vivere in Italia, Alice?

Alice: Certo! Mi piacerebbe tanto. Io vorrei scrivere. Vorrei scrivere su questo furto, credo che sarebbe una bella trama per un poliziesco.

Lorenzo Reali: Mi fa molto piacere che tu dica questo, perché è proprio quello che avevo in mente.

Alice: Cosa vorrebbe dire?

Lorenzo Reali: Un paio di giorni fa ho chiamato un mio caro amico, Tommaso Esposito, della casa editrice Rettoni.

Alice: La casa editrice Rettoni?! È una delle mie case editrici preferite per i polizieschi.

Lorenzo Reali: Sì, sono i migliori! Tommaso è un mio caro amico. Gli ho raccontato del furto e anche lui crede che ci sia il materiale per un romanzo. Però siamo preoccupati....

Alice: Perché?

Lorenzo Reali: Perché non sappiamo chi potrebbe scriverlo…. Ma ci saresti tu!

Alice: Parla sul serio? Scrivere un romanzo per la casa editrice Rettoni? Sarebbe un sogno!

Lorenzo Reali: Bene, perché vorrebbero firmare un contratto con te. Tommaso ti aspetta domani mattina nel suo ufficio.

Nina: Alice, Alice! Stai bene? È svenuta!

Lessico

il sogno dream
abbraciare to hug
la trama plot
cosa vorrebbe dire? what do you mean?
la casa editrice publisher
firmare to sign
il contratto contract

98. IL DISCORSO DI LORENZO REALI

Alice si riprende rapidamente, non riesce a credere a quello che Lorenzo è riuscito a fare per lei. Alle due ragazze sembra di vivere un sogno. Lorenzo Reali con un leggero tintinnio sul bicchiere richiama l'attenzione di tutti.

Lorenzo Reali: Amici, colleghi. Voglio proporre un brindisi. Desidero brindare, prima di tutto all'arte. Queste opere che vedete intorno a voi mi hanno regalato tanta felicità per molti anni. Adesso, è un mio profondo desiderio quello di donare questa felicità a tutte le persone che vogliano vederle, qui nel Palazzo Reale di Napoli. Voglio ringraziare Amalia, per aver aperto le porte del Palazzo alla mia donazione e per aver dedicato a queste opere uno spazio così accogliente. Però, soprattutto, vorrei ringraziare quattro persone, senza le quali questi tre disegni di Luca Giordano non sarebbero esposti qui oggi. Si tratta della detective Santoro, Pepe, Alice e Nina. Un brindisi per tutti loro! Salute!

Lessico

Riprendersi to recover
il tintinnio jingling
proporre un brindisi to make a toast
un profondo desiderio deep desire
accogliente welcoming
Salute! Cheers! / To health!

99. LA MAPPA

Tutti fanno un brindisi e applaudono. Le ragazze si guardano con gli occhi lucidi e fanno un brindisi alla loro nuova vita in Italia. Sono davvero emozionate per tutto quello che il futuro ha in serbo per loro. Poi si avvicina a loro un cameriere con un pezzo di carta.

Cameriere: Siete voi Alice e Nina? Ho un messaggio per voi.

Nina: Che cos'è questo? Che dice?

Alice: Dice "Seguite la mappa fino al punto X". Dopo c'è una pianta del museo con un percorso segnato dal punto in cui ci troviamo ora, fino a una piccola stanza dove c'è una X.

Nina: Che dici? Sei pronta per seguire dei nuovi indizi per risolvere un nuovo mistero?

Alice: Non credo che sia un mistero, credo di sapere perfettamente di chi si tratta….

Nina: Allora, andiamo!

Pepe: Ehi! Dove andate?

Alice: Torniamo subito.

Pepe: Non vi cacciate nei guai, perché non ci sarò io lì con voi a salvarvi!

Alice: Capito!

per tutto quello che il futuro ha in serbo per loro for everything that lies ahead for them

seguite follow (from the verb *seguire*)

il percorso path

segnato marked

non vi cacciate nei guai don't get yourselves into trouble

capito! got it!

100. UN INVITO SPECIALE

Le ragazze seguono la mappa come indicato sul pezzo di carta: salgono le scale al primo piano, girano a destra, entrano dalla prima porta a sinistra, salgono un'altra scalinata e arrivano in una piccola stanza.

Nina: È l'uomo col cappello!

Adriano: Potete chiamarmi Adriano.

Alice: Buona sera, Adriano. Mi chiedevo quando ci saremmo rivisti.

Adriano: Non era mia intenzione farvi lasciare la festa, però volevo congratularmi con voi per aver risolto il mistero e per le nuove opportunità di lavoro!

Nina: Come fa a saperlo?

Adriano: Nel Club degli storici sappiamo molte cose.... A proposito, ho l'onore di consegnarvi questo.

Alice: Che cos'è?

Adriano: Aprite le buste. Troverete all'interno due inviti per essere membri del Club degli storici.

Nina: Adriano, sarebbe un vero onore....

Alice: Significa che potremo aiutare a risolvere misteri?

Adriano: Esattamente! Vi contatteremo quando avremo bisogno del vostro aiuto. Vi interessa?

Nina e Alice: Ovviamente sì!

Adriano: Ne sono davvero molto felice. Ora tornate alla festa! I vostri amici vi aspettano. E ricordate, non dite a nessuno di tutto questo! È un segreto.

Lessico

girare to turn
la scalinata staircase
consegnare to deliver
la busta envelope
non dite don't tell

101. I REALI

Quando tornano alla festa d'inaugurazione, la detective Santoro corre verso le ragazze.

Detective Santoro: Ragazze, dove eravate? Abbiamo appena ricevuto una chiamata!

Alice: Che è successo? Va tutto bene?

Detective Santoro: Sì, va tutto alla grande. Solo che... i reali vogliono ringraziarvi personalmente per aver recuperato le opere di Giordano.

Nina: Ma che dice? Se Lorenzo e Marianna Reali ci hanno già ringraziato di persona un sacco di volte!

Detective Santoro: No, non i "Reali"! I reali di Spagna. Sono in visita segreta a Napoli e la direttrice del Palazzo Reale li ha incontrati e gli ha raccontato la vostra storia. Luca Giordano ha vissuto a lungo in Spagna e ha lavorato, tra i tanti posti, anche alla cattedrale di Toledo....

Lessico

corre runs (from the verb *correre*)
alla grande brilliant
personalmente personally
ci hanno già ringraziato they've already thanked us
un sacco di volte a million times
i reali the kings

FIN

THANKS FOR READING!

I hope you have enjoyed these stories and that your Italian has improved as a result! A lot of hard work went into creating this book, and if you would like to support me, the best way to do so would be with an honest review of the book on the Amazon store. This helps other people find the book and lets them know what to expect.

To do this:

Visit: *http://www.amazon.com*

Click "Your Account" in the menu bar

Click "Your Orders" from the drop-down menu

Select this book from the list and leave an honest review!

Thank you for your support,

Olly Richards

MORE FROM OLLY

If you have enjoyed this book, you will love all the other free language learning content I publish each week on my blog and podcast: *I Will Teach You A Language*.

Blog: Study hacks and mind tools for independent language learners.

http://iwillteachyoualanguage.com

Podcast: I answer your language learning questions twice a week on the podcast.

http://iwillteachyoualanguage.com/itunes

YouTube: Videos, case studies, and language learning experiments.

https://www.youtube.com/ollyrichards

COURSES FROM OLLY RICHARDS

If you've enjoyed this book, you may be interested in Olly Richards' complete range of language courses, which employ his "Story Learning" method to help you reach fluency in your target language.

Critically acclaimed and popular among students, Olly's courses are available in multiple languages and for learners at different levels, from complete beginner to intermediate and advanced.

To find out more about these courses, follow the link below and select "Courses" from the menu bar:

https://www.iwillteachyoualanguage.com

"Olly's language-learning insights are right in line with the best of what we know from neuroscience and cognitive psychology about how to learn effectively. I love his work!"

Dr. Barbara Oakley,
Bestselling Author of "A Mind for Numbers"

Printed in Great Britain
by Amazon

49082224R10136